교사 경영이 만드는 교실혁명

교사 경영이 만드는 교실혁명

초 판 1쇄 2024년 01월 12일

지은이 윤수정
펴낸이 류종렬

펴낸곳 미다스북스
본부장 임종익
편집장 이다경
책임진행 김가영, 박유진, 윤가희, 이예나, 안채원, 김요섭, 임인영

등록 2001년 3월 21일 제2001-000040호
주소 서울시 마포구 양화로 133 서교타워 711호
전화 02) 322-7802~3
팩스 02) 6007-1845
블로그 http://blog.naver.com/midasbooks
전자주소 midasbooks@hanmail.net
페이스북 https://www.facebook.com/midasbooks425
인스타그램 https://www.instagram/midasbooks

© 윤수정, 미다스북스 2024, *Printed in Korea*.

ISBN 979-11-6910-441-8 03370

값 18,000원

미다스북스는 다음세대에게 필요한 지혜와 교양을 생각합니다.

삶 을   건 네 듯 ,   교 실 에   행 복 을   건 네 다

교사 경영이 만드는 교실혁명

윤수정 지음

미다스북스

지금부터 저는 교사가 만나는 빛과 어둠에 대한 이야기를 하게 될 것입니다.

학생들로 인해 혼란스러운 감정에 휩싸일 때

학부모의 말 한마디로 온 마음을 빼앗겼을 때

교직 생활 전반에 의미가 흔들리며 위기를 겪을 때

찾아오는 어둠.

그리고 천진난만한 아이들을 마주할 때

선생님 덕분이라며 다시 찾아온 제자의 손을 잡을 때

빈 교실에서 혼자 수업을 준비하며 반짝이는 수업 아이디어에 미소 지을 때 마주하는 빛에 대해 말할 것입니다.

교사의 삶은 이처럼 어둡기도 하고 밝기도 합니다. 교사의 일상이 고운 황금빛으로 가득하다면 당신은 지금보다 감정을 잘 조절하고 또 보다

만족스러운 학급경영을 이루어 낼 수 있을 것입니다. 그러나 하루 24시간, 1년 365일이라는 시간 내내 햇살이 비출 수 없다는 사실을 알고 있습니다. 그런데도 교사의 삶은 빛납니다. 선생님이라는 존재는 그 누군가에게 빛나는 순간을 만들어 주는 사람이기 때문입니다.

초임 교사 시절부터 24년 차 교사로 살아가는 지금, 이 순간까지 늘 떠나지 않는 화두는 '어떻게 하면 학급경영을 잘할 수 있을까?'입니다. 흔히들 학급경영이라 하면 학생들을 먼저 떠올립니다. 변화무쌍한 아이들과 예측할 수 없는 교실을 생각해 봅시다. 매일 새로운 출발선에서 새로운 항해를 하는 현실을 마주하고 있습니다. 과연 이 배의 방향키는 누가 쥐고 있는 것일까요? 폭풍우가 몰아치는 상황에서 배의 키를 잡고 올바른 경로로 되돌릴 수 있는 사람은 학생일까요? 아닙니다. 바로 교사입니다. 교실은 모든 일이 완벽하게 진행되는 것 같다가도 한순간에 무너질 수 있습니다. 그러나 한 가지만은 무너지지 말아야 합니다. 바로 교사 당신입니다. 교사는 교실에서 변하지 않는 기준이 되어야 합니다. 흔들림 없이 나아가기 위해서는 교사 자신이 먼저 바로 서야 할 것입니다.

성공적인 학급경영을 하기 위해서는 교사 자기 경영이 우선입니다. 교육의 꽃은 학생이 아니라 교사입니다. 교사는 살아 숨 쉬는 콘텐츠입니다. 교사가 행복하지 않은 교실은 학생들도 행복하지 않습니다. 한 명의 학생이 우울하다고 교실 전체가 우울해지지는 않습니다. 그러나 교사가 우울하면 학급 전체가 우울해질 수 있습니다. 왜냐하면 교사는 학급의 가장 영향력 있는 존재이기 때문입니다. 교사가 바로 서야 학급이 바로 설 수 있습니다. 담임교사가 되면 학급경영이라는 큰 과제에 직면하게 됩니다. 학급을 경영하려고 하니 무엇부터 시작해야 할지 막막합니다. 주변 선생님들이 좋다고 하는 것을 하나둘씩 따라 해 봅니다. 끙끙거리며 옆 반 선생님을 따라가 보지만 버겁기만 합니다. 그러다 어느 순간, 정신을 차리고 보니 해야 할 일들은 늘어만 갑니다. 왜일까요? 나만의 교육철학이 없기 때문입니다. 우리 반만의 이야기, 정체성이 없기 때문입니다. 즉, 담임교사인 나의 교육철학이 없기 때문입니다. 학급경영에 앞서 교사가 자기 자신을 바로 세우지 못한다면, 그 학급의 운명은 돛이 없는 배와 같이 이리 흔들, 저리 흔들, 정처 없이 떠돌게 됩니다.

초임 시절 동 학년 선생님들이 하는 학급 활동이 마냥 다 좋아 보였습니다. 그래서 이 활동도 하고, 저 활동도 하며 따라 하기 바빴습니다. 그러다 보니 학생들에게 요구하는 것은 점점 많아졌고 담임교사인 저는 검사하고 확인하는 일조차도 벅찼습니다. 잘 따라주지 않는 학생들이 점점 미워지기 시작했습니다. 스스로 부족한 교사인 것만 같아 자책하게 되었고 점점 학급 운영에 대한 자신감을 잃게 되었습니다. 23년 동안 교단에 서고 보니, 학급경영의 시작은 바로 교사 자기 경영이 먼저라는 답을 얻게 되었습니다. 좌절하는 후배 교사를 보았습니다. 또 바쁘다는 핑계로 저 자신조차도 돌볼 겨를 없이 달리기만 했던 제 자신을 마주하게 되었습니다. 학급의 크고 작은 사건들로 교단을 떠나는 주변 동료 교사들을 보면서 비로소 깨닫게 되었습니다. 성공적인 학급경영을 위해서는 교사인 '나'를 바로 세워야 한다는 것을요.

오늘날을 살아가는 교사로서 '나'를 바로 세운다는 것은 무엇일까요? 수없이 저 자신에게 물었습니다. 그 답을 찾기 위해 노력했지만 혼란스럽기만 했습니다. 그 과정에 '일단 해보자!'라는 마음으로 새벽 기상을 시작했습니다. 새벽에 멍하니 깨어 있기를 반복, 어느 날 책 한 권을 쥐게 되었습니다. 그 책 한 권이 지루하고 권태로웠던 제 삶의 전환점이 되었습니다. 그렇게 시작했던 독서는 급기야 글을 쓰고 싶다는 야무진 포부를 갖게 했습니다. 새벽 기상과 감사 일기, 독서, 글쓰기를 하며 그동안 저도 모르고 있었던 제 사명과 비전을 찾을 수 있었습니다.

그리고 누군가의 조언과 응원에 목말라 있던 저는, 누군가에게 받기를 기대하는 사람이 아닌, 제가 그 누군가를 위해 응원하고 희망을 제시할 수 있는 선배 교사, 동료 교사가 되어야겠다고 다짐하게 되었습니다. 그래서 교사 성장학교인 '나우학교'를 만들고 교사 자기 경영을 시작하는 선생님들의 길잡이가 되었습니다. 자신만의 교육철학이 있으신가요? 새벽 기상을 통해 자기 삶을 뒤돌아보고 교사로서의 사명과 비전을 세우고 독서와 글쓰기를 통해 자신만의 철학을 세워보세요. 그것이 바로 교사 자기 경영을 위한 첫걸음이 될 것입니다. 교사가 바로 서는 교사 자기 경영은 학급경영을 위한 단단한 기초공사가 될 수 있습니다.

저는 지금도 여전히 아이들을 가르치고 있습니다. 최전방을 지키는 교사에 대해서 뭔가 할 말이 있습니다. 베테랑 교사는 처음부터 만들어지지 않습니다. 능력 있는 2년 차 교사는 있을 수 있지만 1~2년의 교실 경험만으로는 진정 훌륭한 교사가 되기는 힘듭니다. 어쩜 베테랑 교사가 되는 데는 평생이 걸릴지도 모릅니다. "가르침은 교사의 삶을 내어주는 것이다."라는 말이 있습니다. 이렇듯 교사는 자기 삶으로 학생들을 가르칩니다. 결코 교사의 삶과 교실의 삶은 유리될 수 없다는 것입니다.

우리가 가르치는 일을 포기하지 않고 뛰어난 전문가로 발전한다면, 학생들을 변화시키고 세상을 더 나은 곳으로 만들 수 있습니다. 그러기 위해서는 '교사 나다움'을 찾는 과정이 필요합니다. 바로 '교사 나다움'을 찾는 것이 교사 자기 경영이요, 교사 자기 경영이 학급경영의 시작입니다. 학급경영은 실천의 학문입니다. 실천하지 않는다면 곧 죽은 지식입니다. 교사가 먼저 행하고 실천함으로써 이루어 낼 수 있습니다. 행복한 교실을 만들고 싶으신가요? 선생님이 먼저 행복해져야 합니다. 희망이 있는 교실을 만들고 싶으신가요? 선생님이 먼저 희망의 증거가 되어야 합니다.
하루가 다르게 세상이 달라지고 교육 현장이 바뀌고 있습니다. 학생들에게 그 어느 때보다 살아 숨 쉬는 교육이 필요합니다. 그 생명력 있는 가르침을 줄 수 있는 사람이 바로 교사, 당신입니다. 그래서 선생님은 강해져야 합니다. 홀로 단단히 자기 삶을 경영할 수 있어야 합니다. 교사 자기 경영을 통해 교육이 삶이 되고 삶이 교육이 되는 그 접점을 찾아가는 과정에 이 책이 도움이 되었으면 좋겠습니다. 함께해 주셔서 고맙습니다.

2023년 윤수정 씀

차 례

제 2 장 23년, 교단에 서서 깨닫다

제 3 장 자기 경영을 시작하다

제 4 장 자기 경영을 학급경영에 녹이다

제 5 장 자기 경영으로 함께 성장하다

제 1 장

학급경영,
이렇게 하면 된다

1.

담임교사 포비아를 벗어라

23년 전, 2000년 3월 2일. 두근거리는 마음을 안고 처음으로 교단에 섰습니다. 어색한 정장 차림의 앳된 얼굴을 한 제 모습이 보입니다. 교사로서 제 첫날은 입학식 날이었습니다. 첫 출근도 부담스러운데 입학식 날이라니요. 뭐가 뭔지도 모른 채 많은 사람 속에 휩싸였습니다. 학생, 학부모, 조부모까지 입학식에 참석한 수많은 눈이 저를 향했습니다. 당황스러울 경황조차 없이 그렇게 순식간에 1학년 담임교사가 되었습니다. 가까스로 입학식을 끝내니 학년 회의라는 것이 시작되었습니다.

"아니, 그래도 그렇지 어떻게 신규에게 1학년을 줬어요."

"윤 선생님, 정말 수고했어요."

동 학년 교사들이 한마디씩 말을 건넵니다. 선배 교사의 걱정 어린 위로가 감사했습니다. 그런데 썩 기분 좋게 들리지도 않았습니다. 마치 제가 1학년 담임교사로 부족한 사람인 양 평가 받는 것 같았기 때문입니다. 학기 초는 입학 적응 기간으로 모든 반이 일제히 같은 내용, 같은 진도를 나갑니다. 선배 교사들이 하는 대로 똑같이 우리 반에 적용하면 될 것 같았습니다. '뭐, 이 정도쯤이야. 내가 왜 못해?' 잘 해내리라 다짐했습니다.

그다음 날, 일찌감치 학교에 출근했습니다. 교실에 들어오니 자그마한 책상과 의자들이 마치 소인국 나라에 온 듯합니다. 곧이어 아이들이 한 명, 두 명 들어왔습니다. 어느 순간 교실이 왁자지껄해졌습니다. 아이들이 다 왔습니다. 이미 교생실습을 해 봤고, 1학년 아이들도 몇 번 경험해 보았지만, 긴장된 마음을 감출 수가 없었습니다. 아무렇지도 않은 듯 아이들 앞에 섰습니다. 몇 마디를 떼었습니다. 한순간 시선이 집중되는 듯하더니 조금 있으니 여기저기서 아이들이 튀어나오기 시작했습니다.

"선생님, 쉬 마려워요."

"선생님, 크레파스가 끊어졌어요."

"선생님 쟤가 나보고, 바보래요."

진땀이 납니다. 옆 반은 조용한데 우리 반은 시끌벅적합니다. 선배 교사와 똑같이만 하면 다 될 줄 알았는데 잘되지 않았습니다. 공부 시간에도, 쉬는 시간에도 저를 불러대는 아이들 덕에 정신을 쏙 빼놓는 날이 허다했습니다. 화장실에 가고 싶은 아이, 준비물이 없는 아이, 짝꿍 잘못 이르는 아이. 제가 생각한 이상적인 교실 모습은 온데간데없고 시장통

저리 가라 할 만큼 정신없는 날들이 이어졌습니다.

하루는 이런 일이 있었습니다. 종이 울리고 막 수업을 시작하려고 하는데 학생 한 명이 계속 칠판 옆에 서 있는 것입니다. "너는 왜 여기 서 있니? 지금 수업 종 친 것 못 들었니?"라고 다그치듯 물었습니다. 그 아이는 이상하다는 듯 쭈뼛거리더니 "선생님이 아까 여기 서 있으라고 했는데요."라며 말끝을 흐렸습니다. 순간 '아차!' 했습니다. 이 아이, 저 아이 상대하다 보니 짧은 순간임에도 깡그리 잊어버린 것입니다. 그날 혹시라도 그 아이 부모로부터 항의 전화라도 올까 싶어 오후 내 마음을 졸였습니다. 다행히 아무 일도 일어나지 않았습니다.

첫 발령이 난 학교는 부모들이 다소 형편이 넉넉하지 않아서 생업으로 바쁜 분들이 많았습니다. 1학년은 챙겨야 할 준비물도 많고 학부모의 협조를 받아야 하는데 도움받기가 쉽지 않았습니다. 일일이 담임교사인 제가 다 챙겨야 했습니다. 그렇게 듣고 싶던 "선생님!" 소리에 힘든 줄도 모르고 아이들을 챙겼습니다. 어떤 날은 녹초가 되어 퇴근 후, 저녁도 거른 채 잠이 들어 버렸습니다.

아이들과 함께하는 것이 늘 힘든 것만은 아니었습니다. 언제 튀어나올지 모르는 아이들이었지만 귀여웠습니다. 줄지어 하교할 때는 마치 엄마오리가 된 듯, 아이들이 제 뒤를 따랐습니다. "오리, 꽥꽥!", "고양이, 야

옹!", "강아지, 멍멍!" 유치하기 짝이 없는 구령을 붙여가며 줄지어 하교했던 기억이 지금도 선명합니다. 기대했던 만큼은 아니지만, 감사하게도 큰 탈 없이 첫해를 보냈습니다. 지금 돌이켜보면 제 뜻대로 되지 않는다고 화만 내던 제 모습이 떠올라 아이들에게 미안하기만 합니다.

발령 1년 차. 저는 학급경영이라는 것이 무엇인지도 모른 채, 첫 담임을 맡았습니다. 그냥 아이들을 '가르친다'라는 것, 그것이 곧 '학급경영이다.'라고 생각했습니다. 학급경영이 중요하다는 것은 알겠는데 잘하기 위해서는 무엇을 어떻게 준비해야 할지 막막했습니다. 그날그날 수업 준비만으로도 바빴습니다. 공부 시간에는 교과서대로 진도 나가고, 쉬는 시간이면 잘못된 아이들을 불러 혼내는 일에 지극히 충실했습니다. 그것으로 제 할 일을 다 했다고 생각했습니다. 이미 다 배운 내용을 알지 못하는 아이들, 당연히 챙겨줘야 할 준비물을 챙겨 보내지 못하는 학부모를 이해할 수 없었습니다. '난 열심히 최선을 다해 가르쳤는데 왜 이해를 못 하지? 아이를 학교에 보내면서 어떻게 준비물도 안 챙겨 보낼까?'라는 마음만 가득했으니까요. 아이들의 마음을 읽는다는 것, 또 학부모의 바쁜 상황을 이해하는 것이 어려웠습니다. 아이들은 버겁고 학부모는 저 멀리 있는 존재로 느껴졌습니다.

지금은 24년 차 교사로, 또 세 아이의 엄마로 살아가고 있습니다. 이제는 아이들의 마음을 조금은 알 것 같습니다. 담임교사에게 더 인정받고 싶고 더 칭찬받고 싶은 그 어린 마음을요. 또 부모가 되고서야 학부모의 마음을 더 잘 알게 되었습니다. 잘 가르치는 선생님도 좋지만 내 아이의 마음을 읽어주는 선생님이 더 반갑고 고맙다는 것을요. 초임 교사로 아이들과 좌충우돌 우당탕거리며 지냈지만, 그때의 제가 지금의 저보다 훨씬 더 열정적이었던 것만큼은 믿어 의심치 않습니다.

학급경영은 가르치는 것이 전부가 아닙니다. 또 교사 혼자의 힘으로 이루어 낼 수 없습니다. 교실에는 교사뿐만이 아니라 학생이 함께합니다. 또 보이지는 않지만, 학부모도 함께합니다. 교사, 학생, 학부모 모두가 함께할 때 학급경영도 잘할 수 있습니다. 학급경영이라는 것을 한마디로 정의하기는 어렵겠지만, 제 생각에는 아이들과의 '눈높이 소통'이라 말할 수 있겠습니다. '눈높이 소통'이란 무엇일까요? 아이들의 생각, 아이들의 느낌, 아이들의 고민을 교사가 아닌 학생 눈으로 함께 짚어보는 것입니다. 비로소 그때 교사와 학생이 한마음이 되어 교실에서 함께 살아갈 수 있습니다. 교사가 아이들과의 눈높이를 맞추었을 때, 아이들의 마음을 읽을 수 있습니다. 아이들의 마음을 읽을 수 있을 때, 그 뒤에 서 있는 학부모의 마음도 이해할 수 있습니다. 초임 교사였던 그때의 저는 오로지 저만 보였습니다. 아이들을 돌아볼 여유도 깊이도 없었습니다. 어리숙했던 그때 그 시절로 돌아갈 수만 있다면, 아이들을 더 따뜻하게 보듬어 주고 싶습니다.

누구나 지난 시간에 대해 아쉬움은 있는 법입니다. 중요한 것은, 돌이킬 수 없는 시간에 대한 후회가 아니라 지금 내게 주어진 시간에 최선을 다하는 태도겠지요. 오늘 내가 맡은 우리 반 아이들의 마음을 오롯이 읽어주고 따뜻하게 어루만져 주고 싶습니다. 훗날, 오늘을 후회하지 않기 위해서요.

2.

따라쟁이 교사 증후군과 이별하라

초임 교사 시절, 옆 반의 선배 교사는 저에게 선망의 대상이었습니다. 똑같은 내용을 가르쳐도 그 반은 뭔가 달라 보였기 때문입니다. 동 학년 회의 시간에도 그 선배는 아이디어를 쏟으며 좋은 방법을 권했습니다. 한 번은 쿠킹포일(은박지)로 팔다리를 접어 사람처럼 만들기를 한 날이었습니다. 하교 후, 그 반을 지나가는데 쿠킹포일 작품이 제 눈을 사로잡았습니다. 자세히 들여다봤습니다. 저는 교과서에 나온 그대로 만들었는데, 그 반은 사람 모양을 만들고 그 위에 고무찰흙을 이용해 옷, 신발, 머리카락 등을 붙여 제법 진짜 사람처럼 꾸며놓은 것입니다. 작품을 교실 뒤편에 일렬로 전시까지 해두니 정말 멋져 보였습니다.

그다음 날이 되니 저희 반 아이들이 그 반 복도를 지나가며 수군거립니다. "우와! 저것 봐, 우리도 어제 했잖아. 그런데 2반 포일 맨, 정말 사람 같다."라고 그냥 무심코 던지는 아이들의 한마디였지만 왠지 옆 반 선배 교사와 비교당하는 느낌이었습니다. 부족한 교사인 것처럼 느껴졌습니다. 그날 이후 그 선배 교사가 하는 것을 힐끔거리기 시작했습니다. 적어도 옆 반과 똑같이 한다면 비교당하는 일은 없을 것 같았습니다.

처음에는 옆 반을 들락거리며 선배가 좋다고 하는 것을 따라 했습니다. 아이들 반응도 나쁘지 않았습니다. 하나, 둘 따라 하는 것이 늘어나니 학급 활동이 점점 많아졌습니다. 어느 날은 아이들이 물었습니다. "선생님 이거 왜 해요?"라고 하며 잠시 침묵이 흘렀습니다. "그냥 해. 선생님이 하라는데 무슨 말이 이렇게 많아." 대충 얼버무렸습니다. 당황했습니다. '이 활동을 왜 해야 하지? 꼭 필요한 활동일까?'라고 생각해 보지 않았습니다. 그저 옆 반 선배가 하는 것을 따라 하는 따라쟁이에 불과했습니다.

그러던 어느 날이었습니다. 복도에서 옆 반 선배 교사의 큰 소리가 들렸습니다. 우리 반 개구쟁이 몇몇은 고개를 푹 숙이고 서 있고 그 선배는 화가 난 듯 아이들을 혼내고 있었습니다. 저는 우두커니 서 있기만 할 뿐이었습니다. 기분이 묘했습니다. 아이들의 잘못도 잘못이지만, 담임교사인 저를 제쳐두고 저에게 어떠한 양해도 구하지 않고 우리 반 아이들을 꾸짖는 선배에게 점점 화가 났습니다. 잠시 후, 아이들이 "죄송합니다."

말하며 고개를 숙였습니다. 선배는 저에게는 한마디 말도 없이 그냥 자기 교실로 쏙 들어가 버렸습니다.

수업을 하는 둥, 마는 둥 끝내고 '이대로는 안 되겠다.' 싶은 마음에 교실을 박차고 나왔습니다. 옆 반 교실로 향했습니다. "선생님, 오늘 저희 반 아이들 때문에 화가 많이 나셨나 봐요. 그런데 앞으로는 저에게 먼저 말씀 주시면 저희 반 아이들은 제가 지도하겠습니다." 그 선배는 알겠다며 민망한 듯 웃음을 지어 보였습니다. 처음에는 '어떻게 말을 꺼낼까?' 걱정했지만 용기 내어 말하길 잘했다 싶었습니다. 속이 후련했습니다.

그날 이후, 더는 그 선배를 따라 하지 않았습니다. 수업 준비뿐만 아니라 우리 학급에서 일어나는 많은 일에 있어서 스스로 준비하고 자료도 찾으며 연구했습니다. 우리 반 아이들에게 적합한 활동을 찾고자 노력했습니다. '우리 반만의 특색 있는 활동은 무엇일까?' 고민하기 시작했습니다. 스스로 자료를 찾고, 교재 연구를 했더니 나만의 학습 자료가 쌓여갔습니다. 어느 날은 거꾸로 동 학년에 있는 선배 교사들이 저에게 묻는 일이 생겼습니다. "선생님, 그 반 미술 작품이 너무 멋지던데요? 어떻게 만들었어요?" 저는 기분 좋게 제가 만든 학습 자료를 공유했습니다. 뿌듯했습니다.

수업자료, 생활 지도법 등 동료 교사와 공유하면 좋은 점이 많습니다. 중요한 것은 아무리 좋은 활동도 무작정 따라 하기보다는 그 활동이 우리 반 아이들에게 얼마나 최적화되어 있느냐 하는 것입니다. 무조건 옆 반 아이들이 좋아했다고 우리 반 아이들에게도 좋으리란 법은 없습니다. 우리 반 교실 상황, 우리 반 아이들에게 적합한 내용과 수준에 맞는 자료와 활동이 필요합니다.

우리 반만의 특색 있는 학급 활동을 고안해 내기 위해서는 아이들을 잘 관찰해야 합니다. 어떤 성향의 아이들이 모여 있는지 주의 깊게 들여다봐야 합니다. 아이들이 원하는 것이 무엇인지 귀담아듣는 것도 중요합니다. 백번 좋은 것도 우리 반 상황에 맞아야 하고 우리 반 아이들이 좋아해야 합니다. 무조건 옆 반이 하는 것을 따라 하기보다는 우리 반만의 특색활동, 우리 반 아이들이 선택한 학급 활동으로 채워갈 때 아이들의 만족도 역시 높아집니다.

이러한 깨달음을 얻은 후 저는 아이들의 생각을 읽기 위해 노력했습니다. 우선 아이들에게 학급 회의를 주도할 수 있도록 기회를 주었습니다. 또 대화와 상담을 하기 위해 아이들이 좋아하는 코코아도 사 두고 점심 시간을 활용해 1대1 데이트도 했습니다. 아이들과의 만남이 111일 되는 날, 111일 파티도 했습니다.

학급 회의는 우리 반만의 특색을 찾는 데 가장 큰 도움이 되었습니다. 1주일에 한 번씩 아이들의 주도하에 일주일 동안 학급의 생활을 뒤돌아보았습니다. 잘 지켜지지 않는 것을 다음 주 생활 목표로 정하였습니다.

교사 주도의 일방적 결정이 아닌 학생들 스스로 안건을 내고 결정했기에 특별했습니다. 학급 회의는 교실의 문제를 해결하는 차원을 넘어 의사소통 능력, 존중의 기술, 서로 다름을 이해하는 것까지 많은 것을 배울 수 있는 시간이 되었습니다. 학기 말이 되었습니다. 1년을 보낸 소감을 발표했습니다. 우리 반의 좋은 점을 이야기해 주는 아이들이 많았습니다. 다른 반과 달리 우리 반이어서 해볼 수 있었던 활동, 우리 반만의 좋은 점을 말하는 아이들을 보면서 저도 모르게 웃음이 지어졌습니다.

아이들의 마음을 읽기 위해 노력했더니 어떤 활동이 우리 학급에 필요한지 찾아낼 수 있었습니다. 결국 우리 반만의 특색활동, 학급 운영에 필요한 답은 옆 반에 있었던 것이 아닙니다. 우리 반 아이들에게 있었습니다. 모든 학급경영의 중심은 우리 반 아이들이라는 것! 잊어서는 안 될 것입니다. 제가 학급에서 실천했던 학급 회의 방법을 소개합니다.

우리 반만의 특색활동, 111데이!
〈은박지 활동 작품 예시〉
문제의 그 호일맨

원 대형 또는 'ㄷ'자 대형으로 책상 배치를 하면 좋습니다. 학기 초 타이머를 사용하며 '신속하게! 조용하게! 안전하게!' 움직일 수 있도록 몇 번의 훈련을 하는 것도 좋은 방법입니다.

※ 제한된 공간에서 진행되는 활동이므로 안전에 주의해서 진행해주세요.

교실 놀이 1: 가장 빠르게 자리 바꾸기(정답은 원 대형이다!)

준비물: 학생 의자(학생 수대로), 타이머

① 책상을 교실 뒤편으로 밀어두고 의자만 가지고 나온다.

② 의자를 산발적으로 두고 자유롭게 앉는다.

③ 타이머를 재며 신호음이 울리면, 의자는 가만히 둔 채 서로의 자리를 바꾼다.

④ 교사가 질문을 던진다. "어떻게 의자를 배치해야 가장 빠르게 서로의 자리를 바꿀 수 있을까요?"

⑤ 힌트를 주며 함께 고민하며 답을 찾아갈 수 있도록 돕는다.

⑥ 원 대형을 앉았을 때 가장 빠르게 자리를 이동할 수 있음을 안다.

교실 놀이 2: 자리를 지켜라!

준비물: 학생 의자(학생 수대로)

① 책상을 교실 뒤편으로 밀어두고 의자만 가지고 나오게 한다.

② 둥글게 둘러앉아 빈자리를 하나 남겨둔다.

③ 술래는 가운데 선다.

④ 놀이가 시작되면 한 칸씩 자리를 옮겨 술래가 빈자리에 앉지 못하도록 한다.

⑤ 술래가 빈자리에 앉게 되면 술래에게 자리를 뺏긴 사람이 새로운 술래가 된다.

학급 회의 진행 순서

1. 마음 나누기

일주일을 생활하며 미안했던 일, 감사한 일, 격려하기 등 마음을 나누고 따뜻한 분위기를 형성합니다.

2. 1주일 생활 뒤돌아보기

우리 반이 잘했던 일, 부족했던 일을 생각해 봅니다. 특정 학생을 비난하지 않도록 사전에 지도합니다. 학기 초 서로를 비난하는 것은 좋은 방법이 아님을 교육하고 서로를 비난하지 않는 것에 대한 학생들 모두의 합의가 우선되어야 합니다.

3. 다음 주 생활 목표 정하기
이번 주 우리 반이 부족했던 그것에 관한 생각을 모으고 다음 주 신경을
써야 할 것들에 대한 안건을 모두 수렴한 후 다수결로 결정합니다.

다소 시끄럽고 어수선하지만, 간단한 놀이 활동은 아이들을 웃게 합니
다. 이렇게 한바탕 웃고 나면 그동안 속상했던 일, 꼬였던 마음이 제법
풀어집니다. "선생님, 다음 주에 또 해요." 의자만 있으면 인기 만점 선생
님이 될 수도 있습니다. 회의를 마치고 소감 발표를 했습니다. 친구들이
나에게 감사한 일, 미안한 일에 대해 말해주고 마음을 알아준 것 같아서
기분이 좋았다는 의견이 많았습니다. 우리 반만의 학급 활동으로 저도
아이들도 하나가 되었습니다.

3.

완벽한 교사는 없다

23년 동안 많은 학생을 만났습니다. 1년짜리 만남이 쌓여갑니다. 짧은 만남일 수 있지만, 그 1년은 학생들에게도 또 교사인 저에게도 소중합니다. 아이들 한 명 한 명에게 던지는 말 한마디, 작은 행동도 조심스럽습니다. 학생이 담임교사를 잘 만나 멋지게 성장했다는 감동적인 이야기가 많습니다. 그러나 교사도 학생을 잘 만나야 합니다. 학생을 통해 교사도 성장하기 때문입니다.

담임 희망서를 써서 제출했습니다. 신학년 담임 발표가 났습니다. 기대하던 학년이 아닌 희망조차 하지 않았던 6학년 담임교사가 되었습니다. 그 해 6학년 아이들은 거칠고 다루기 힘들다고 소문난 아이들이었습니다. 6학년만 도맡아 하던 교사들도 손사래를 쳤습니다. 눈앞이 캄캄했습니다. 이제 막 신규교사 딱지를 뗀 저는 한숨만 나왔습니다. 학년 발표가 나고 첫 동 학년 회의가 열렸습니다. 저처럼 영문도 모른 채 6학년을 맡게 된 교사들이 대부분이었습니다. 처음 맡는 6학년, 악명 높은 아이들 뭐 하나 마음에 들지 않았습니다. 그런데 이게 끝이 아니었습니다. 제가 뽑은 아동 명부에 여자 일짱이 있지 뭡니까! 중학교 남자아이들과 어울리며 이런저런 문제를 일으키고 욕도 잘하는 아이입니다. 답답한 마음에 6학년을 지도했던 친한 선배 교사에게 쫓아갔습니다. 어떻게 해야 6학년을 잘 지도할 수 있을지 물었습니다. 아이들을 초장에 확 휘어잡아야 한다고 합니다. 절대 허점이 보여서도 안 되고, 끝도 없는 심리전이 있을 테니 한치의 물러남 없이 기선제압을 잘해야 한다는 것입니다. 또 유행을 잘 알고 연예인을 좋아하는 아이들의 문화를 읽을 수 있어야 한다고도 했습니다. 6학년 담임이 된다는 것은, 어린이와 청소년의 경계에 있는 그들의 세계를 잘 이해해 주고 때로는 같이 맞추어 줄 수도 있어야 한다는 것이지요. 큰일 났습니다. 그 당시 저는 TV도 잘 보지 않고 연예인이나 유행을 따르는 것에도 별로 관심이 없는 사람이었습니다.

3월 2일, 첫날. 아니나 다를까 아이들의 모습이 6학년 아이들 치고는 건들건들합니다. 노는 중학생 흉내를 내는 듯한 어색한 앞머리 하며, 쉬는 시간이면 교실 뒤편에서 남자, 여자아이들이 뒤섞여 자기들끼리 키득거리며 떠들어댑니다. 문제의 그 여자 일짱은 허스키에 목소리도 컸습니다. 종이 쳤는데도 불구하고 계속 떠들어서 주의 집중 종을 신경질적으로 쳐야만 겨우 자리에 앉았습니다. '내가 너희들에게 절대로 얕보이지 않으리라.' 어떻게든 아이들 위에 군림해야 살아남을 수 있을 것만 같았습니다. 거칠고 다루기 힘든 아이들에게 제가 할 수 있는 유일한 방법은 통제밖에 없었습니다. 담임교사의 권위를 세우고자 안간힘을 썼습니다. 주말이면 보지 않던 코미디프로와 가요순위 프로그램을 섭렵하고 무엇이든 다 알고 있는 선생님으로 완전무장 했습니다. 스스로 찾아 입은 갑옷 때문일까요? 날이 갈수록 학교생활은 점점 버거워졌습니다. 6학년은 교과목도 많고 깊이 있는 내용도 제법 있어서 수업 준비에 많은 시간과 노력을 기울여야 했습니다. 항상 부족한 느낌이 들었습니다. 모르는 걸 질문하는 아이가 있을까 봐 두려웠습니다. 저는 완벽한 선생님이 되어야 했기 때문입니다.

어느 과학 시간이었습니다. 한 아이가 수업이 끝날 무렵 질문을 했습니다. 교과서에는 없는 내용이었습니다. 실험 용액에 관한 질문이었는데 입에서는 맴도는데 정확한 명칭이 생각이 나지 않았습니다. 한참을 머뭇거리자 그 여자 일짱 아이가 수군거리는 소리가 들렸습니다. "선생님인데 어떻게 그것도 모를 수 있어?" 때마침 공부 잘하는 아이가 답을 말했습니다. "아, 맞다. 바로 그거야. 재준아, 고마워. 이제 생각이 났네." 대충 얼버무리며 수업을 마무리했습니다. 책상 위, 작은 손거울에 비친 제 모습은 얼굴뿐만 아니라 목까지 벌겠습니다. 그날 이후 아이들에게 약점을 들킨 것만 같아 마음이 불편했습니다. 그 여자 일짱 아이의 무시하는 듯한 눈초리도 느껴졌습니다. 아이들과의 신경전은 한동안 계속되었습니다. 그럴수록 더욱 많은 과제와 검사로 아이들을 통제했습니다. 숙제 검사하는 시간이 점점 늘어났습니다. 어떤 날은 퇴근 시간을 넘기면서까지 검사를 했습니다.

어느 날이었습니다. 점심시간에 몇몇 아이들이 도덕 선생님이 과제로 낸, 롤모델 인터뷰를 하겠다며 저를 둘러쌌습니다.

"선생님은 무슨 과목을 좋아하셨어요?"

"영어와 국어를 좋아했어."

"그러면 싫어하는 과목은요?"

"선생님은 수학, 과학을 싫어해. 썩 잘하지도 못했고."

"그런데 어떻게 선생님이 되셨어요?"

"선생님이라고 다 잘하는 것은 아니야. 못 하는 것도 있을 수 있어."

제 입으로 저의 부족함에 대해 말하는 것이 내심 불편했지만, 사실이기에 이날은 톡 까놓고 제 이야기를 했습니다. 다시 쉬는 시간이 되었습니다. 그 여자 일짱 아이가 제 옆을 맴돌더니 말을 건넵니다.

"선생님은 저랑 조금 비슷하시네요."

"뭐가?"

"저도 수학, 과학 싫어하거든요. 특히 수학 학원 정말 가기 싫은데. 엄마한테 혼나니까 가야 해요."

묻지도 않았던 자기 이야기를 합니다. '이건 뭐지?' 늘 새침한 표정으로 말끝마다 토를 달던 아이가 저에게 친근감을 표시하다니요! 제 귀를 의심했습니다. 이후에도 그 아이는 종종 제 옆에 와서 자기 이야기를 하곤 했습니다. 마치 단단한 호두가 깨지는 듯 그 아이와 예상치 못한 마음의 교류가 시작되었습니다. '아이들은 완벽한 선생님을 바라는 것만은 아니구나!'라는 새로운 깨달음도 얻었습니다. 물론 이 일로 학급 운영이 다 해결되거나 하지는 않았지만, 무언가 단단히 묶여 있던 빗장문이 서서히 열리는 것만 같았습니다. 매사 제 의사대로 결정하고 지시하듯 시키던 일들을 아이들에게 묻기도 하고 또 아이들의 의사를 반영했습니다. 학급 이벤트로 컵라면 먹기, 점심시간 가요 듣기 등 아이들이 좋아하는 활동을 학급 활동에 과감히 넣어 보았습니다.

졸업식 날이었습니다. 도종환 시인의 「교사의 기도」 중 "날려 보내기 위해 새들을 키운다."라는 말처럼 아이들을 떠나보내야 하는 그 순간이 되었습니다. 알 수 없는 눈물이 흘렀습니다. 지금껏 교직 생활 중, 그토록 교재 연구와 숙제 검사를 철저히 했던 때가 없었습니다. 처음에는 그런 제 마음을 몰라주는 아이들이 밉기도 했습니다. 저는 완벽한 교사로 거듭나기 위해 고군분투했지만 결국 완벽한 교사가 되는 것에 두 손 두 발을 들었습니다. 공감하는 교사가 되기로 했습니다. 그냥 저로 살기로 했습니다. 그 1년은 제 교직 생활의 전환점이 되었습니다. 버거웠던 6학년 아이들이 저를 단단하게 만들어 주었습니다. 제가 아이들과 함께 성장한 것입니다.

　최근 AI(인공지능)를 활용한 에듀테크 교육이 등장하고 Chat GPT라는 새로운 AI가 나타났습니다. 세상은 끊임없이 변화하고 놀라운 속도로 발전하고 있습니다. 이제 더는 교사에게 완벽한 지식을 요구하지도 않고 그렇게 될 수도 없습니다. 지난주에 있었던 일입니다. 아이들 하교 지도 차 교내 화단 옆 통행로를 지나고 있었습니다. 한 아이가 저에게 묻습니다.

　"선생님, 저 꽃 이름이 뭐예요?"

　"글쎄, 선생님도 잘 모르겠는데. 잠깐만, 이럴 땐 방법이 있지. 식물 이름 알려주는 앱 하나 알려줄게."

　사진을 찍어 넣으면 바로 식물의 이름을 알려주는 앱을 열어 보였습니다. 이제는 모르는 걸 들키는 게 두렵지 않습니다. 아이들과 함께 매일 배우고 성장함에 기뻐할 뿐입니다. 교사도 모를 수 있습니다. 그러기에 교사는 준비해야 합니다. 교사도 모를 수 있다는 것이 인정되지만, 최선의 자세는 아니기 때문입니다. 중요한 것은 어떤 질문이 나올지 모르기에 준비하는 그 과정에 있습니다. 교사가 철저히 수업을 준비하고 대비하는 그 모습 또한 아이들에게는 배움이 되지 않을까요?

4.

나만의 교육철학을 세워라

저는 학교에서 매해 반복되는 일을 합니다. 물론 5년마다 학교를 옮기고, 해마다 다른 아이들을 만난다는 새로움이 있지만, 학교생활 1년은 작년, 재작년, 아니 10년 전과 비교했을 때 별반 다르지 않습니다. 교사라면 누구나 공감할 것입니다. 비슷한 일을 하며 한 해 한 해를 살아가기에 교사에게 '왜'라는 질문은 중요한 것 같습니다.

'나는 왜 교사가 되었을까?' 조심스레 어릴 적 기억을 더듬어 보았습니다. 저에게 가장 많은 영향을 준 사람은 바로 친정엄마였습니다. 엄마는 초등교사로 정년퇴임을 하셨습니다. 그런 엄마가 늘 저에게는 자랑거리였고 존경의 대상이었습니다. '교사가 된다면 엄마처럼 초등학교 선생님이 될 거야.'라고 생각했었습니다. 고등학교 때, 담임선생님이 교사가 되고 싶은 저의 꿈을 알고는 사범대를 강력하게 권하셨습니다. 제 귀에는 전혀 들어오지 않았습니다. 저에게 '선생님'이라 하면, 우리 엄마, 바로 초등학교 선생님이 가장 먼저 떠올랐기 때문입니다. 가끔 엄마가 일하셨던 학교에 가면 작은 책상과 의자, 예쁘게 꾸민 교실이 마치 엄마만의 세상처럼 느껴졌습니다. '나도 엄마처럼 초등교사가 되어야겠다.'라는 꿈은 아마도 그때부터 시작된 것 같습니다. 예쁘게 꾸민 교실에서 아이들에게 "선생님"이라는 말을 듣는 상상은 생각만 해도 저를 가슴 뛰게 해주었습니다.

고등학교 이후 줄곧 초등교사가 되겠다는 제 생각은 한 번도 바뀐 적이 없었습니다. 다행히 꿈에 그리던 교사가 되었습니다. 저는 꿈을 이룬 행복한 사람입니다. 그토록 원했지만, 교사로서의 제 삶은 항상 행복하지는 않았습니다. 어릴 적 엄마 교실에서 느껴졌던 조용하고 평화로운 교실은 저의 상상에 불과했습니다. 첫 발령을 받고 시끌벅적한 교실에 첫발을 내디디고 나서야 현실을 깨달을 수 있었습니다.

하루에도 교실은 수십 번 변합니다. 아이들이 밀물처럼 몰려와 왁자지껄했다가 제 한마디에 쥐 죽은 듯 조용해집니다. 또 참새떼 마냥 지지배배 노래도 부르고 책도 읽는가 하면 언제 그랬냐는 듯, 썰물이 우르르 빠져나가듯, 아이들이 떠나갑니다. 빈 교실은 적막 그 자체입니다. 아무도 없는 교실은 한기마저 느껴질 정도니까요. 조용한 교실에 혼자 덩그러니 앉아 있습니다. 조용히 생각에 잠깁니다.

　행복한 교실은 어떤 교실일까요? 아이들 한 명 한 명의 꿈이 살아 숨쉬는 교실, 바로 꿈이 있는 교실이 행복한 교실이 아닐까요? 이 생각은 신규교사일 때나 지금이나 변함이 없습니다. 첫 발령을 받고 첫 담임이 되어 학급경영이 무엇인지도 모를 때였지만, 저는 제가 가르치는 아이들이 꿈이 있는 아이로 자라나길 바랐습니다. 몇 학년 몇 반이 아닌 꿈마을 꿀벌이라는 우리 반만의 이름도 지었습니다. 그렇게 1기, 2기를 더해 어느덧 꿈마을 꿀벌 24기가 되었습니다. 교실은 꿈마을이 되었으면 했고, 그 안의 아이들은 꿀벌이 되기를 바랐습니다. 각자 자신의 꿈을 찾아 바쁜 날갯짓을 하는 '꿀벌'이기를 바라던 것이지요. 저는 해마다 3월, 첫날이 되면 아이들에게 우리 반의 이야기를 해줍니다. 마치 무슨 신성한 신화라도 되듯 우리 반만의 이야기임을 여러 번 강조하며 말합니다.

　"여러분은 지금부터 꿈마을에 사는 꿀벌입니다. 이 꿈마을 교실에서 꿀벌처럼 부지런히 여러분의 꿈을 키워갔으면 좋겠습니다."

　아이들은 처음에는 어리둥절한 표정을 짓다가도 이야기가 있는 우리 반이 자랑스러운 듯 만족해하는 표정을 지어 보입니다.

　작년에 있었던 일입니다. 평소 이어령 선생님을 존경하는 저는 그분이 마지막으로 남기신 책, 『마지막 수업』을 읽다가 전율에 가까운 탄성을 질렸습니다. 아니 제 생각이 틀리지 않았음에 뛸 듯이 기뻤습니다. "꿈마을 꿀벌, 어쩜 이렇게 이름을 잘 지은 거야."라고 혼잣말하며 우쭐했습니다. 『마지막 수업』에서 이어령 선생님은 인간은 크게 세 부류가 있다고 했습니다. 개미처럼 땅만 보고 사는 사람, 거미처럼 시스템을 만들어 놓고 사는 사람, 스스로 꿀을 만드는 꿀벌 같은 사람입니다. 개미는 있는 것 먹고 거미는 얻어걸린 것을 먹지만, 꿀벌은 화분으로 꽃가루를 옮기고 자신의 힘으로 꿀을 만드는 존재입니다. 즉, "벌은 화분을 transfer 하는 창조의 삶을 살아가는 사람"이라고 했습니다. 바로 제가 우리 반 아이들에게 바라는 바와 같았습니다. 꿀벌처럼 자신의 날갯짓으로 노력하고 꿈을 이루어 내는 사람. 바로 그것이 제가 바라고 길러내고자 하는 사람입니다. 제 생각이 틀리지 않았다는 것과 우리 반 이름을 꿈마을 꿀벌이라 지은 것에 무척 자부심을 품게 되었습니다. 매해 학생들뿐만이 아니라 학부모에게도 더 당당히 우리 학급의 이야기를 전할 수 있게 되었습니다.

최근 학교 안팎으로 자주 듣는 말이 있습니다. 바로 '혁신'입니다. 무엇이 혁신일까요? 저는 기본에 충실한 것, 본질을 잃지 않는 것이 혁신이라고 생각합니다. 4차 산업사회가 도래되고 AI가 등장하는 최첨단의 빠른 변화 속에서 변하지 않는 본질을 지켜나가는 것. 그 또한 혁신이라고 생각하기 때문입니다.

교육의 본질은 무엇일까요? 그것은 바로 학교에서 또 교실에서 학생들이 저마다의 꿈을 꾸고 희망을 노래하는 것입니다. 학교와 교실에서 좌절과 절망을 맛보기보다는 자신의 꿈을 향해 비상의 날갯짓을 하려는 마음이 일었으면 좋겠습니다. 공부가 재미있고 새로운 것을 알아가는 배움의 기쁨을 맛볼 수 있었으면 좋겠습니다. 아이들 각자의 배움이 삶 속에서 실천되었을 때 진정한 앎의 기쁨을 느낄 수 있지 않을까요? 바로 그 순간, 아이들은 비로소 성장할 수 있습니다.

얼마 전 학급 아이들에게 〈나의 롤모델을 찾고 그 사람이 말한 명언 조사해 오기〉를 과제로 내주었습니다. 다음 날 아이들 한 명 한 명의 발표를 들었습니다. 어리지만 다 생각이 있고 꿈이 있었습니다. 아이들은 자신의 이야기뿐만 아니라 다른 친구의 이야기도 귀 기울여 들었습니다. 발표가 끝난 후, 작은 도화지에 자신의 롤모델을 그리고 그 작품들을 교실 벽에 붙여 두었습니다. 저는 아이들에게 일부러 엄중한 표정을 지어 보이며 말했습니다.

"자! 여기, 여러분의 롤모델이 여러분을 지켜보고 있습니다. 자신의 꿈을 향해 오늘도 열심히 날갯짓하는 꿈마을 꿀벌이 되기로 해요."

아이들 저마다의 눈에서 빛이 납니다. 그 모습을 바라보는 저의 눈에서도 빛이 납니다. 교사인 저도 꿈이 있기 때문이다. 저는 오늘도 아이들과 함께 서로의 꿈을 응원하며 꿈이 있는 교실에서 살아갑니다. 저는 분명 행복한 사람입니다. 힘주어 우리 반만의 집중 구호를 외쳐봅니다.

"선생님이 꿈마을 하면, 너희들은 꿀벌이라고 답해보자."

"꿈마을!"

"꿀벌!"

〈나의 롤모델〉 참고작품

교사 경영이 만드는 교실혁명

5.

학급의 정체성을 찾아라

저는 3월 첫날, 우리 학급의 이야기로 아이들과의 첫 만남을 시작합니다. 우리 반만의 이름, 우리 반만의 규칙 등 나름의 차별성을 두며 우리 반이 된 것에 대해 자부심을 품을 수 있도록 합니다. 사실 진도 나가기도 바쁜데 이러한 활동에 큰 의미를 두지 않을 수도 있습니다. 그러나 학급경영에 있어 학급에서 함께하고 있다는 소속감, 모든 아이가 서로 연결되어 있다는 연대감은 성공적인 학급경영을 위한 첫 번째 비결입니다. 우리 반은 왜 이런 이름이 지어졌는지, 학급 규칙은 무엇인지 또 선생님은 어떤 것을 가장 중요하게 생각하는지 등 우리 반만의 이야기를 끄집어내는 것은 단단한 학급경영을 위한 기초공사가 될 것입니다.

① 우리 반의 이름을 만듭니다.

천편일률적인 '0-0반'이라는 고정관념에서 탈피하여 교사의 교육철학이 담긴 우리 반의 이름을 만들어보세요. 먼저 교사 자신이 생각하는 하나의 중요한 가치를 생각해 봅니다. (예: 사랑, 나눔, 봉사, 인내 등) 그 가치들을 빈 종이에 쭉 적어봅니다. 마지막으로 이 가치들을 꿰뚫을 수 있는 하나를 선정합니다. 우리 반 이름을 만드는 것은 학급 이야기 세우기의 첫걸음이 됩니다. 예를 들어 배려, 나눔과 같은 가치를 중요시한다면 '밀알 두레반'이라 이름 지을 수 있습니다. 이로써 옆 반과 다른 한 가지를 찾아낼 수 있습니다.

② 우리 반의 급훈을 정합니다.

아이들을 훈육할 때 기준을 가치에 두는 것은 매우 중요합니다. 교실에서 여러 학생이 더불어 살아가기 위해 지켜야 할 규칙을 가치를 들어 지도하는 것과 그렇지 않은 것은 큰 차이가 있습니다. 예를 들어 무조건 "교실에서 큰 소리로 떠들지 말아라!" 하면 아이들은 순순히 따르기보다는 먼저 반발심이 들 것입니다. 또 교사의 일방적 지시로만 받아들여질 수도 있습니다. 이때 가치를 내세우며 지도하는 것은 다릅니다. "여러분, 우리 교실은 어느 한 사람의 교실이 아니지요? 우리 모두의 교실입니다. 여러 사람이 더불어 살아가기 위해서는 서로를 배려하는 마음이 필요합니다. 남에게 피해를 주지 않도록 쉬는 시간에는 다른 사람을 배려하며 두 사람만 들리도록 소곤소곤 대화합니다." 그냥 "~하지 말아라!" 하는 식의 지도가 아닌 가치를 바탕에 두고 지도하면 효과적입니다. 우리 학급에서 내세우는 가치를 담은 문구나 글귀는 우리 학급의 급훈이 될 수 있습니다. 다음은(아래 참고 사진 자료) 제가 초임 교사 시절부터 지금까지 꿈마을 꿀벌반이라 이름을 짓고 우리 반의 가치인 사랑, 책임, 긍정, 배려, 존중을 아우르는 급훈입니다. 3월 한 달은 1교시 수업 시작 전과 종례 시간에 매일 같이 읽습니다. 매일 읽다 보면 저절로 암송하게 됩니다. 말로 표현한 것이 머리와 가슴에 새겨지고 자연스럽게 행동까지 연결됩니다.

③ 우리 반의 규칙을 만듭니다.

우리 반의 이름을 짓고, 급훈을 정했다면 어느 정도 나아갈 방향은 잡은 것입니다. 학급의 방향을 잡았을 때 가장 먼저 생각할 것이 학급 규칙입니다. "고조선에 8조법이 있듯이 우리 반에도 8조법이 있다."라고 알려줍니다. 학기 초 학생들과 함께 규칙을 정합니다. 규칙은 태도 규칙과 실천 규칙, 두 부분으로 나눌 수 있습니다.

* 태도 규칙: 올바른 생활 태도가 갖추어졌을 때 실천도 가능해집니다.

1) 규칙

모든 학급 규칙의 첫 번째는 '규칙을 잘 지킨다.'입니다. 그래야 나머지 규칙을 지키려는 마음이 생깁니다. '학급 규칙을 잘 지키자.'가 첫 번째 규칙이 됩니다.

2) 긍정

"싫어요. 짜증이 나요. 재미없어."와 같은 부정적인 생각과 말을 하지 않습니다. 똑같은 상황을 어떻게 생각하느냐에 따라 결과는 달라질 수 있습니다. 아이들에게 반 컵만 남은 주스를 두고 다르게 생각하는 두 사람의 이야기를 해줍니다. 왜 긍정적으로 생각해야 하는지 함께 생각해 봅니다.

3) 예의

말과 행동에 예의가 있어야 합니다. 특히 말은 매우 조심해서 뱉어야 함을 지도합니다. 교사를 포함한 웃어른에게 공손한 말씨, 함께 하는 친구들에게 존댓말을 쓰도록 합니다. 말을 조심하면 그에 따른 행동도 자연스럽게 품위가 있습니다. 예절의 소중함, 고운 말의 소중함을 함께 생각합니다.

4) 감사

매사 감사하는 마음을 갖습니다. 우리 반만의 프로젝트인 감사 일기 쓰기를 꾸준히 지도합니다. 매일매일 3가지 감사하는 생활을 통해 감사하기를 생활 속에서 실천하도록 독려합니다.

＊실천 규칙: 단단한 생활 태도 위에 실천 규칙을 세울 수 있습니다.

5) 과제

과제를 성실히 충실하게 해냅니다. 많은 과제를 부여하지 않습니다. 꾸준히 1년 동안 지속하는 과제는 저널 쓰기(일기 쓰기 대체 활동)와 하루 10분 큰 소리로 책 읽기(고학년은 10분 독서)입니다.

6) 준비물

준비물은 또 다른 과제입니다. 준비물이 없다면 수업 시간에 충실할 수 없기 때문입니다.

7) 독서

책 읽기를 매일 합니다. 아침 독서 시간 10분을 충실하게 활용할 수 있도록 항상 수시로 지도합니다.

8) 발표

하루 3번 이상 발표를 합니다. 발표를 지명해야 할 때 손가락 신호등 (한 번: 검지, 두 번: 검지와 중지, 세 번: 검지, 중지, 엄지)을 활용합니다. 자신의 발표 횟수를 기억하게 하고 적어도 하루 3번은 내 의견을 말할 수 있도록 합니다.

학급의 정체성을 세우고 싶다면, 다른 반과의 차별성을 두어야 합니다. 그냥 하루하루 살아가는 것이 아닌 교사와 학생들이 함께 공유하는 비전과 철학이 있어야 합니다. 바로 그것을 아이들과 함께 세우고 실천해 나갈 때 우리 학급만의 정체성을 만들 수 있습니다. 학급은 교사 혼자만의 공간이 아닌 '사회적 공간'입니다. 학급은 교사와 학생들의 살아 숨쉬는 공간이기에 늘 새롭게 다듬고 보완해야 할 필요가 있습니다. 교사의 일방적 가르침보다는 무엇이든 스스로 챙길 줄 아는 힘을 기를 때 아이들은 자기 삶의 주인이 되어 학교생활을 자율적으로 해낼 수 있습니다. 학기 초 담임교사와 아이들이 함께 합의된 교실의 규칙을 세웠을 때 더욱 단단한 학급, 성공적인 학급경영을 기대할 수 있습니다.

우리 반 이름	꿈마을 꿀벌	교실 뒷면 게시	8조법
우리 반 핵심 실천 가치	사랑, 책임, 긍정, 배려, 존중		
우리 반 급훈	좋은 생각을 하는 우리 생각하고 말을 하는 우리 책임 있는 행동을 하는 우리 우리 안에 머무는 사랑		

6.

교사는 교실의 꽃이다

애덤 브룩스(Adam Brooks)는 "교육의 질은 교사의 질을 능가할 수 없다."라고 말했습니다. 매우 상투적이지만 틀린 말이 아닙니다. 과거에도 오늘날에도 변하지 않기에 진실이라 생각됩니다. 교대를 다니며 교사의 꿈을 키웠던 때에도, 또 24년 차 교사로 교단에 선 지금에도 이 말은 항상 제 마음속 정중앙에 자리 잡고 있습니다. 그 어떤 말보다 정확하고 날카롭게 교사의 중요성을 말하고 있기 때문입니다.

학급에서 교사는 어떤 존재일까요? 교사는 교실에서 학생들을 가르치고 학생들과 함께 살아가는 존재입니다. 질문을 바꾸어 보겠습니다. 교실에서 가장 영향력을 미치는 존재는 누구일까요? 바로 교사입니다. 학생 한 명이 우울하다고 해서 그 교실 전체가 우울해질까요? 그렇지 않습니다. 학생 한 명이 우울하다고 해서 학급의 모든 아이가 우울해지지는 않습니다. 반면, 교사가 우울하면, 아니 교사가 행복하지 않다면 어떻게 될까요? 그 교실은 우울한 교실, 행복하지 않은 교실이 됩니다. 왜일까요? 그것은 바로 교사가 미치는 영향력, 파급력 때문일 것입니다. 김소영의 『어린이라는 세계』에서 교사는 어린이들이 가장 일상적으로 만나는 전문가이고 때로는 유일하게 만나는 지식인이라고 말합니다. 또 어떤 아이에게는 자기가 아는 가장 친절한 사람이 교사라고도 말합니다. 이처럼 교실에서 가장 큰 영향력을 미치는 사람은 바로 그 학급의 교사입니다. 교사 한 사람이 갖는 영향력은 실로 엄청난 것이지요. "교실의 꽃은 학생이다."라는 말이 있습니다. 이 말은 교사의 영향력과 존재감에 빗대어 볼 때 틀린 말이라고 생각됩니다. 교실의 꽃은 교사이기 때문입니다.

교실의 꽃은 교사이기에 교사는 스스로 행복해지기 위해 노력해야 합니다. 물론 교실 환경과 학교 환경, 더 나아가서는 교육 정책들이 교사의 행복을 지탱해 줄 수 있어야 합니다. 그러나 사실 그것들은 이차적인 문제입니다. 일단 교사 스스로 자신을 위해 또, 학생들을 위해 먼저 행복해질 필요가 있습니다. 아니 좀 더 적극적으로 표현하면, 교사가 스스로 행복한 교실을 만들어야 합니다. 결국 교사는 스스로 행복한 것을 찾아야 한다는 것이지요. 어떻게 하면 교사 스스로 행복해질 수 있을까요? 먼저 교직을 바라보는 관점에 대한 정리가 필요합니다.

일을 바라보는 관점은 크게 세 가지로 분류해 볼 수 있습니다. 첫째,

돈을 버는 수단으로 생각하는 것, 둘째, 경쟁에서 이기고 위로 올라가는 과정으로 여기는 것, 세 번째, 소명으로 생각하고 헌신하고 투신하는 것. 교직은 어디에 속할까요? 교사마다 생각은 다를 수 있지만, 교사는 소명(calling)을 받은 직업임은 분명합니다. 교사는 어린이를 마주하고 현재와 미래를 길러내는 직업이기 때문입니다. 자기 일을 소명으로 생각한다는 것은 어떤 의미일까요?

심리학자들은 다음과 같이 말합니다.

"소명은 초월적 끌림(transcendent summons)을 바탕으로 하며, 자신이 맡은 역할에 대한 목적과 의미를 행동으로 실천하고 새롭게 만들어가는 과정이다. 그리고 그 과정에서 타인을 돕고자 하는 가치와 목표를 중요한 동기로 삼는다."

소명(calling)이란 말은 원래 종교적인 용어로 사용합니다. 그러나 종교적 차원을 넘어 점차 범위가 확대되어 그 누구라도 자기 일에 소명 의식을 가질 수 있습니다. 소명 의식을 갖는다는 것은, 첫째, 자기 내면에 귀를 기울이고 자신의 진실한 욕구와 끌림을 이해해야 합니다. 둘째, 일을 통해 자신에게 중요한 의미와 목적을 추구해야 합니다. 셋째, 주변에 선하고 긍정적인 영향력을 끼치려는 태도를 보입니다. 결국 소명 의식을 가지고 일할 때 가장 큰 혜택을 받는 것은 자기 자신입니다. 자신이 좋아하는 일, 잘할 수 있는 일, 의미 있는 일을 찾았을 때 자신이 하는 일에서 의미를 찾고 키워나갈 수 있는 것입니다. 교사가 소명 의식을 갖고 일한다는 것은 앞서 말한 교사가 행복해야 하고, 학급의 행복을 위해 자기 행복을 찾아야 한다는 맥락과 일치합니다.

　기업 경영은 이윤을 목표로 합니다. 학급경영의 목표는 무엇일까요? 행복입니다. 학생은 학생대로, 교사는 교사대로 오늘을 열심히 살아가는 최종 목표는 바로 행복이 아닐까 합니다. 우리는 행복해지기 위해 공부하고 일하는 것입니다. 그러면 어떻게 해야 행복한 교실을 만들 수 있을까요? 우선 교사가 먼저 행복해야 합니다. 학급경영이라 하면 학급만을 들여다보는 것이 먼저라 생각할 수 있습니다. 아닙니다. 행복한 학급, 성공적인 학급경영을 위해서는 교사의 자기 돌봄이 우선입니다. '나는 지금 행복한가? 나는 나의 삶에 만족하는가? 나는 어떤 삶의 철학을 갖고 있는가? 나는 어떤 사명을 품고 학생들을 가르치고 있는가?'와 같은 질문을 던지며 교사 자신을 뒤돌아보고, 교사로서의 내 삶을 마주해야 합니다. 학급경영의 시작은 교사 자기 경영이 먼저이기 때문입니다.

　교사 자기 경영은 교사가 자기 자신을 바로 보는 것입니다. 처음 교단에 섰던 그 마음을 다시 열어보고, 교사로서 나의 사명과 비전을 찾아야 합니다. 사명과 비전이 없이 살아가는 교사는 그저 하루하루를 살아갈 뿐 교사로서의 기쁨과 행복을 맛볼 수 없습니다. 교사가 자신을 뒤돌아보고 자신의 교직 생활을 성찰하며 남은 교직 생활을 설계할 수 있다면 적어도 그 교사는 스스로 자기 행복을 찾아가기 위해 노력하는 교사입니다. 이것이 바로 교사 자기 경영의 첫걸음입니다.

교사가 먼저 행복해지기 위한 교사 자기 경영의 첫 번째 방법은 마음 공부에 있습니다. 대표적인 방법으로는 감사 일기 쓰기를 추천하고 싶습니다. 어떤 상황에도 긍정적인 점을 찾고 감사하는 마음을 갖는 것은 교사로 흔들림 없이 살아갈 수 있는 첫 번째 마음공부입니다. 시시각각 변하는 교실 상황과 돌발상황으로 가득한 학교라는 공간에서 긍정적인 것을 찾고 감사할 수 있다면 교사는 행복합니다. 둘째, 독서입니다. 책을 읽고 멘토를 만나 끊임없이 대화하는 교사는 희망이 있고 꿈이 있는 교사가 될 수 있습니다. 돈과 명예가 있다고 다 행복하지 않습니다. 교사가 행복한 순간은 책을 읽고 성장하고 있음을 깨닫는 그 순간입니다. 셋째, 글 쓰는 교사는 행복합니다. 글을 쓴다는 것은 마음을 순화하고 생각을 정리하는 힘을 가지고 있습니다. 글쓰기를 하는 교사는 스스로 자기 생각을 정립하는 힘을 가진 사람입니다. 철저히 혼자가 되어 자기 내면을 들여다보고 자기 삶을 복기하는 글쓰기는 자기 행복을 찾을 수 있는 좋은 방법이 될 수 있습니다.

제가 그랬습니다. 세 아이의 엄마가 되고 길고 긴 육아 터널을 건너면서 몸도 마음도 지쳐버렸던 적이 있었습니다. 하루하루가 행복하지 않았습니다. 제가 행복하지 않았을 때 학생들을 잘 가르칠 수 없었습니다. 학생들에게 집중할 수도 없었습니다. 제 마음이 아프고 힘들었기에 아이들 마음을 어루만져 줄 여유가 없었던 것입니다. 우울하고 짜증 가득한 제 모습을 보면서 아이들은 어떤 생각을 했을까요? 과연 행복했을까요? 교사가 행복해야 학생도 행복합니다.『곰돌이 푸, 행복한 일은 매일 있어』에서 푸가 말합니다. "매일 행복하진 않지만, 행복한 일은 매일 있어." 교실에서 아이들과 함께하며 매일 행복할 수는 없습니다. 그러나 행복한 일은 분명히 있습니다. 오늘 그 행복을 함께 찾아보면 어떨까요?

7.

교실에 희망을 불어넣어라

　최근 혁신이라는 말을 여기저기에서 자주 듣습니다. 교육계뿐만 아니라 사회 곳곳에서 혁신을 부르짖고 있기 때문일 것입니다. 과연 혁신은 무엇일까요? 저는 그 본래의 뜻이 궁금해졌습니다. 인터넷 검색을 해보았더니, 혁신의 사전적 의미는 '묵은 풍속, 관습, 조직, 방법 따위를 완전히 바꾸어서 새롭게 하는 것'이라고 합니다. 즉, 혁신은 묵은 걸 새롭게 한다는 것입니다. 말의 뜻을 천천히 읽어보니 한 가지 사실에 주목할 수 있었습니다. 바로 혁신은 존재하지 않던 것을 존재하게 하는 발명이나 창조와는 다르다는 것입니다. 집으로 비유하면 공터에 집을 새로 짓는 것이 아니라, 기존에 있던 낡은 집을 부수지 않고 고치는 것입니다. 즉 리모델링과 같은 것이라 말할 수 있습니다.

코로나19 사태 이후, 우리 사회는 급속도로 변화하고 있습니다. 학교가 문을 닫았던 사상 초유의 사태를 거치며 학교와 교실에 최첨단 AI 기술이 들어왔습니다. 최근 에듀테크는 교실 안팎을 넘나들며 다양하게 활용되고 있습니다. 기존의 틀을 깬 어디든 학교, 어디든 교실이라는 놀라운 변화가 일어났습니다. 그럼, 이러한 변화의 소용돌이 속에서 교육은 어떻게 혁신을 이루어야 할까요? 저는 다시 교육 본래의 뜻을 찾아가는 것, 그것이 바로 혁신이라고 생각합니다. 최첨단을 달리며 빠르게 변화하는 것도 중요하지만 그 안에 있는 교육의 본질은 살아 있어야 한다는 것입니다.

교육 본래의 목적은 무엇일까요? 그것은 바로 배움입니다. 아니 더 나아가 배움을 통한 희망입니다. 학생들이 학교에서 또 교실에서 배움을 즐기고 그 배움을 통해 자신의 미래를 꿈꿀 수 있어야 한다는 것입니다. 학생들은 언제 배움을 즐기고 어떻게 미래를 희망으로 채울 수 있을까요? 그것은 학생 스스로 자기 삶에서 의미를 찾았을 때입니다. 삶의 의미를 찾게 해주는 곳이 학교와 교실이었으면 좋겠습니다.

오늘날 아이들은 학교에서 희망이 아닌 좌절을 맛봅니다. 아이들은 더는 학교에서 희망을 찾을 수 없다고도 말합니다. 통계청이 발표한 「아동 청소년 삶의 질 2022」 보고서에 따르면, 국내 0~17세 아동 청소년 자살률은 2021년 기준 10만 명당 2.7명에 달했다고 합니다. 더욱 안타까운 것은 아동 청소년 자살률이 해마다 늘어나고 있다는 것입니다. 성인이 그렇듯 청소년 역시 극단적 선택의 이유를 1~2가지만으로 설명하긴 어렵다고는 하지만 자살의 주된 원인은 청소년기 학업 스트레스와 부모, 또래와의 관계에서 겪는 대인관계 문제 등에 있다고 합니다. 우리는 여기에서 매우 중요한 문제 하나를 생각해 볼 수 있습니다. 그것은 바로 삶의 의미에 관한 것입니다.

 "인생에서 의미를 발견한 사람은 어떤 힘든 일들도 이겨낼 수 있다."라고 오스트리아의 유명한 정신의학자인 빅터 프랭클(Victor Frankel)는 말했습니다. 그는 자살을 생각하는 우울증 환자를 주로 치료하는 의사였습니다. 또 지독한 고문과 학대가 난무하는 지옥 같은 수용소 생활을 이겨낸 사람이기도 합니다. 그는 독일 나치의 수용소에 갇혀 그곳에서 수많은 유대인이 아무런 잘못도 없이 죽어 나가는 것을 보았습니다. 그 당시 많은 유대인은 끔찍한 수용소 생활을 견디다 못해 자살을 생각하거나 실제로 죽는 사람도 많았습니다. 그러나 그는 절망하고 실의에 빠지기보다 오히려 죽음을 생각하는 동료들에게 위로와 희망을 전해주고, 그들이 희망과 용기 속에서 삶을 영위해 나갈 수 있도록 도왔습니다. 결국 그는 살아남아 『죽음의 수용소』라는 책을 통해 세상 사람들에게 삶의 의미의 중요성을 역설하는 희망의 전도사가 되었습니다.

 그가 발견한 인생이란 바로 '의미'였습니다. 내가 무엇인가를 만들어 내고 그것이 다른 사람에게 도움이 되는 의미, 이러한 의미를 발견하고 그것을 소중히 믿고 살아가는 것, 그것이 바로 인생이라고 여겼습니다. 학생들이 더는 학교에서 희망을 찾을 수 없다고 말하는 이유는 무엇일까요? 그것은 바로 아이들이 학교에서 자신의 의미를 찾지 못하고 있기 때문입니다. 빅터 프랭클에 따르면, "자기 삶의 의미를 찾은 아이는 어떠한 어려움이 있어도 이겨낼 수 있다."라고 합니다. 학교에서의 배움이 자신의 미래를 희망할 수 있을 때 아이들은 학교에서의 의미를 찾을 수 있지 않을까요?

우리 사회에 만연한 입시 위주의 교육, 성적, 등수, 타인과의 비교로 인해 학생들이 나만의 고유한 특성과 재능을 찾지 못하고 있습니다. 또 지나친 경쟁으로 학급 안에서 친구들과의 우정, 봉사, 배려, 나눔과 같은 삶의 중요한 가치들이 뒷전으로 밀려나기도 합니다. 아이들이 학급 안에서 삶의 가치들을 몸소 체험해 보고 남을 돕고 친구들과 올바른 관계 맺음을 통해 자신의 의미를 찾을 수 있어야 합니다.

최근에 있었던 일입니다. 저는 아이들에게 그들의 꿈과 성장과 관련한 몇 가지 과제를 부여했습니다. 첫 번째 과제는 자신의 멘토를 찾는 것이었습니다. 자신의 꿈과 연결 지어 멘토를 찾고 전체 친구들 앞에서 한 명도 빠짐없이 발표했습니다. 그 활동을 통해 아이들은 서로의 꿈과 멘토에 대해 알게 되었습니다. 작은 도화지에 자신의 멘토를 그려서 교실 벽에 붙여 두기도 했습니다. 두 번째 과제는 명언을 통한 글쓰기, 일명 작가 노트에 글쓰기를 했습니다. 먼저 아이들에게 자신의 멘토가 한 명언을 조사해 오도록 했습니다. 그다음 아이들은 교사가 준비한 색 메모지에 자신이 조사한 명언을 쓰고 두세 번 접은 후 통에 넣습니다. 학생들이 준비한 종합장에는 작가 노트라고 공책 이름표를 붙여줍니다. 주로 창의적 체험활동 시간과 도덕 시간, 자투리 시간에 실시합니다. 그날 으뜸 도우미가 대표로 명언을 뽑습니다. 큰 소리로 함께 읽습니다. 마지막으로 자신의 작가 노트에 명언을 따라 쓰고 자기 생각도 씁니다. 글에 어울리는 간단한 그림도 그려 넣습니다. 글쓰기가 끝나면 교실 뒤편 사물함 위에 전시하여 서로의 글을 공유합니다. 쉬는 시간이면 아이들은 교실 뒤편으로 옹기종기 모여 다른 친구들의 생각을 읽습니다.

한창 진도 나가기 바쁜 주였습니다. 작가 노트를 건너뛰려고 했습니다. 아이들이 묻습니다.

"선생님, 오늘은 작가 노트 안 해요?"

"오늘은 그냥 진도 나가자." 아이들이 졸라댑니다.

"선생님, 명언 쓰기 재미있는데요. 오늘 하면 안 돼요?" 아이들의 요구에 응했습니다.

"그래, 너희들의 꿈과 희망이 더 중요하지. 먼저 명언 쓰기하고 진도 나가자."

아이들의 표정이 밝아졌습니다. 작가 노트를 학급경영에 끌어와 꾸준히 실천해 보니 몇 가지 교훈을 얻을 수 있었습니다. 첫째, 학생들의 진로 교육에 도움이 됩니다. 둘째, 학생들의 내적 동기를 한 층 더 높일 수 있습니다. 셋째, 명언을 쓰고 나의 꿈에 연결 지어 생각해 볼 수 있습니다. 넷째, 다른 친구의 글을 읽고 공유하며 내 생각도 키울 수 있습니다. 다섯째, 간단한 글쓰기를 통해 생각을 정리하고 문장력도 키울 수 있습니다. 끝으로 무엇보다 좋은 점은 작은 활동과 실천이지만 아이들 각자의 꿈과 희망으로 교실을 가득 채울 수 있다는 것입니다. 학생들이 교실과 학교에서 꿈과 희망을 노래하고 삶의 의미를 찾을 수 있기를 기대하고 또 소망해 봅니다.

작가 노트 참고작품

8.

학교와 교실을
살아 숨 쉬게 하라

학교와 집을 오가며 24년째 살아가고 있습니다. 가끔은 학교가 집처럼 느껴질 때도 있습니다. 남편보다 동료 교사와 더 많이 대화하고, 집에 있는 아이들보다 학교 아이들과 더 많이 이야기를 나누는 것 같습니다. 학생으로 학교에 오가던 것과 또 교사로 학교와 함께 한 날들을 어림잡아 계산해 보니 40년이 넘습니다. 평생 학교를 떠나지 못할 것만 같습니다. 학교는 저의 또 다른 집입니다.

학교에는 다양한 구성원이 함께 생활하고 있습니다. 각자 나름의 최선을 다하며 학교라는 울타리 안에서 살아가고 있습니다. 교사는 교사대로 최선을 다하고 있고, 학생도 학생 나름의 최선을 다합니다. 또 학생 뒤에 있는 보이지는 않지만, 학부모도 생활 최전선에서 최선을 다하고 있습니다. 학교는 교사 외에도 다양한 직분의 직원들이 함께하고 있습니다. 우선 비교과교사라 하는 보건교사, 영양교사, 상담교사, 사서교사가 있습니다. 또 학교의 행정 전반을 지원해 주는 행정실 직원, 점심 급식을 책임지는 급식실 직원, 학교 안팎의 보안을 담당하는 보안관, 교무실과 전산실 등 학교 곳곳에서 교사들의 행정을 돕는 교육실무사, 돌봄을 지원하는 돌봄교실, 방과후 학교 업무를 지원하는 방과 후 코디, 학교 청소를 하는 청소 지원 인력 등 학교는 교사, 학생 외에도 많은 사람이 함께 살아가는 공간입니다. 코로나19 사태가 발발했을 때는 방역 인력까지 동원되어 누가 누구인지조차 모른 채 학교라는 울타리 안에서 함께 살아가기도 했습니다.

밤새 고요하고 조용했던 학교는 대략 8시 30분을 기점으로 다시 살아 숨 쉽니다. 교사, 직원, 학생들이 일제히 학교로 향합니다. 어젯밤의 정적을 보란 듯이 깨고 학교는 그렇게 다시 하루를 맞이합니다. 시끌시끌, 북적북적, 아이들의 노랫소리, 운동장의 구령 소리, 학교는 마치 자신이 살아 있음을 온몸으로 보여주는 것 같습니다. 그러다 하교 시간에 맞추어 아이들이 하나둘씩 떠나갑니다. 오후 5시를 전후로 모두가 썰물같이 빠져나갑니다. 학교는 다시 고요함 속으로 깊은 잠에 빠져듭니다. 내일 마주할 치열한 삶을 위한 쉼의 시간이 시작되는 셈입니다. 학교는 하루도 똑같은 날이 없습니다. 크고 작은 일들이 끊이지 않습니다. 누구도 예측할 수 없는 일들이 학교 곳곳에서 일어납니다. 학교는 마치 살아 숨 쉬는 유기체 같습니다.

　학교에서 중요하지 않은 사람은 단 한 명도 없습니다. 교사는 교사대로, 학생은 학생대로, 학생 뒤에 있는 학부모는 학부모대로, 직원은 직원대로 각자의 소임을 다하고 있습니다. 그렇기에 학교가 움직입니다. 5월, 스승의 날 즈음이면 아이들과 함께 학교를 위해 애쓰시는 다른 분들을 위한 감사 편지를 씁니다. 아이들과 함께 이러한 활동을 한 것은 얼마 되지 않습니다. 몇 해 전 학교에서 소리 없이 자신의 역할을 해내시는 청소 여사님에게 감동한 일이 있었습니다. 머리가 희끗희끗하셨던 그 청소 여사님은 새벽같이 학교에 오십니다. 아이들이 오기 전에 화장실을 깨끗하게 청소하기 위해서입니다. 아이들이 등교하기 전까지 화장실 청소는 물론이고 바닥의 물기까지 말끔하게 닦아 놓으십니다. 그 수고로움을 알게 된 후, 뵐 때마다 "여사님, 감사합니다."라고 인사를 드리면 늘 손사래를 치십니다. 1학년 아이들을 맡아 지도하던 때였습니다. 수업하던 중 화장실에 가려던 한 아이가 급한 나머지 그만 옷에 실수하고 말았습니다. 아이를 얼른 복도로 빼냈지만 이러지도 저러지도 못하고 우왕좌왕하고 있었습니다. 다른 아이들에게 들키지 않고 이 문제를 해결해야 했습니다. 그때 마침 복도를 지나가고 계셨던 여사님이 이런 저를 보고 다가오셨습니다. 자초지종을 들더니 얼른 아이 손을 잡아챕니다. "선생님, 얼른 수업하셔요. 아이는 제가 씻기고 연락드릴게요." 다행히 교실과 여사님의 휴게 공간이 멀지 않았습니다. 그 안에는 자그마한 욕실도 있었습니다. 4월쯤이었기에 날씨도 쌀쌀했는데 온수도 나와서 천만다행이었습니다. 아이 부모님에게 연락이 닿았고 또 보건교사가 준비해 둔 여벌 옷을 이용해 긴급하게 아이의 문제를 해결할 수 있었습니다. 여사님의 도움이 있었기에 가능했던 일입니다.

그 후 저는 학교에서 마주하는 교사 외의 다른 직원분들의 소중함을 새기고자 노력하였습니다. 5월 스승의 날 즈음이면, 교사뿐만이 아니라 학교 직원분들에게 아이들과 함께 감사 쪽지를 전달합니다. 아이들은 의아한 듯 물어봅니다.

"선생님, 스승의 날은 선생님께 편지 쓰는 날이 아닌가요? 왜 청소하시는 분에게 편지를 써요?"

"응, 스승의 날은 선생님에게 감사함을 표현하는 날이지만, 학교에는 선생님 말고도 감사한 분들이 많거든. 그분들이 안 계신다면 학교가 잘 운영되지 않을 거야. 선생님은 항상 너희들에게 감사받고 있으니 올해는 우리 학교를 위해 애쓰시는 분들께 감사 편지를 써보자."라고 말합니다. 또 아이들과 함께 학교에서 근무하시는 다양한 분과 그분들이 하시는 일이 무엇인지 이야기도 나눕니다. 각자 자유롭게 편지를 쓸 대상을 정합니다. 편지를 다 쓴 후에는 삼삼오오 짝을 지어 편지를 배달합니다. 이후 편지를 쓴 소감, 또 편지를 배달했을 때 그분들의 반응, 그때 나의 마음

등 서로의 경험과 느낌을 나누는 활동을 합니다. 아이들은 생각지도 못했던 어른들의 환대와 감사 인사에 무척이나 상기된 마음으로 각자의 소감을 발표했습니다. 스스로 얼마나 가치 있는 일을 했는지 알게 되어 자신을 자랑스러워했습니다. 아이들은 이 작은 활동을 토대로 사회 어느 곳이든 주목받지 못해도 자기의 일을 꿋꿋하게 하는 고마운 분들의 수고를 기억할 것입니다. 아니 기억했으면 좋겠습니다.

학교는 또 다른 사회입니다. 어른과 아이들이 함께 살아가는 작은 사회인 것이지요. 이곳에서 아이들은 사회를 배웁니다. 그들이 장차 성장하여 살아갈 사회를 먼저 몸으로 접하고 익혀 나갑니다. 소외된 사람들, 주목받지 못하는 분들의 노고를 느낄 수 있었으면 좋겠습니다. 적어도 저와 함께 감사 쪽지를 썼던 아이들이라면 보이지 않는 곳에서 애쓰시는 분들을 기억할 것이라 믿습니다.

학교는 어제와 오늘이 다르고 또 내일도 다를 것입니다. 학교는 오랜 세월을 버티어 낸 나이테 굵은 나무 같습니다. 아이들은 공부하고 성장하여 학교를 떠나갑니다. 해가 바뀌면 새로운 아이들로 학교는 또 살아 숨 쉽니다. 학교가 있기에 아이들은 배우고 성장할 수 있습니다. 학교가 있기에 교사를 비롯한 다른 구성원들도 삶을 이어갑니다. 학교는 모두의 성장을 위해, 또 모두의 행복을 위해 존재하는 곳입니다. 결국 학생도 교사도 직원도 학교를 다 떠나가지만, 학교는 변함없이 그곳에서 제 일을 묵묵히 해내고 있습니다. 어쩌면 '그 무엇보다 학교가 가장 고마운 존재가 아닌가?' 하는 생각을 해 봅니다.

부장님, 3학년 4반 아이들이 스승의 날이라고 편지를 써서 행정실로 가져왔네요!
아이들 마음이 예뻐서 몇학년 몇반인지 물어봤더니 3학년 4반이라고 해서 아이들이 부장님의 고운 마음을 닮았구나 싶었습니다~ 부장님 덕분에 아이들이 행정실의 존재를 알게 되지 않았을까 싶습니다
항상 잊지 않고 행정실도 잘 챙겨주셔서 정말 감사해요^^

행정실이 어떤 곳인지도 잘 모르는 아이들에게 알기 쉽게 설명해주신 부장님 덕분에 이렇게 편지를 받아 보네요!
아이들이 고운 마음으로 자라나는 건 담임선생님의 역할이 크다는 걸 새삼스럽게 또 느낍니다~
부장님 덕분에 잊지 못할 5월이 되었어요^^

교직원 선생님의 감사 메시지

선생님!
성공적인 학급경영, 이렇게 하면 됩니다.

1. 아이들과의 눈높이를 맞추었을 때 아이들의 마음을 읽을 수 있습니다. 또 그 뒤에 있는 학부모의 마음도 읽을 수 있습니다. 아이들의 어린 마음을 따뜻하게 보듬어주고 어루만져주는 것이 먼저입니다.

2. 모든 학급경영의 중심은 옆 반 아이들이 아닌 우리 반 아이들입니다. 아이들을 잘 관찰하면 그 속에 학급경영의 열쇠가 숨어 있습니다.

3. 내가 생각하는 교육, 행복한 교실은 무엇인지 스스로 질문해 보세요. 그 답을 찾아가며 나의 교육철학을 세울 수 있습니다.

4. 우리 반만의 이름, 가치, 급훈, 규칙 등 학급의 정체성을 세워보세요. 다른 반과의 차별성이 우리 반만의 특별함으로 다가올 것입니다.

5. 교육의 꽃은 교사입니다. 교사가 행복해야 학급의 아이들도 행복합니다. 일상 속 작은 행복을 스스로 만들어보세요.

제 2 장

23년,
교단에 서서 깨닫다

1.

좌절하는 후배 교사

아침에 잠시 교사연구실에 들렀습니다. 커피 한잔을 타서 나오려는 데 후배 교사 K가 인사를 하며 들어옵니다. 오늘따라 안색이 좋아 보이지 않습니다. 괜찮냐는 저의 물음에 K는 애써 웃음 지어 보입니다. 대수롭지 않게 여기며 교실로 향했습니다.

수업이 모두 끝나고 다시 연구실에 갔습니다. 이미 몇몇 교사가 모여 심각한 표정으로 대화하고 있습니다. 어젯밤, 시사프로에서 방영된 아동학대에 대한 방송 이야기였습니다. 교사가 아동학대범으로 몰려 재판받고 있고 아동학대로 신고당하는 교사들의 수가 증가하고 있다는 것입니다. 이 사건에 연루된 교사 대부분은 학급 아이들에게 생활지도 차원에서 벌점을 주거나 잘못된 점을 지적하였는데, 그것이 문제가 되어 길고 긴 법정 다툼을 벌이고 있다고 합니다. 옆에서 이야기를 듣기만 해도 가슴이 철렁 내려앉습니다. '교사가 학생들을 지도하다 아동학대범으로 내몰린다면 앞으로 어떻게 아이들을 지도하란 말인가?'라는 생각에 혼란스럽기도 하고 화도 나고 앞으로 남은 교직 생활을 어떻게 보내야 할지 머릿속이 복잡해졌습니다.

그때였습니다. 아침에 잠깐 스치듯 만났던 후배 교사 K가 들어옵니다. 그녀는 발령 4년 차로 작년에 1정 정교사 자격 연수를 마쳤습니다. 매사 열정적인 사람으로 학급경영뿐만 아니라 학교 일에도 솔선수범하며 최선을 다하는 교사입니다. 늘 밝게 웃고 친절해서 학생들에게 인기도 많습니다. 갑자기 그 선생님 입에서 학교를 그만두고 싶다는 말이 툭 튀어나왔습니다. 모든 선생님의 눈이 동그래졌습니다.

"저, 사실은 의원면직을 심각하게 고민 중이에요. 올해 맡은 아이들이 너무 힘들어요. 또 별 대수롭지도 않은 일에도 사사건건 전화하고 민원 넣는 학부모도 정말 부담스러워요. 교직에 희망이 없는 것 같아요. 올 1년 심각하게 고민해 보고 결정하려고요. 부모님께는 죄송하지만, 더는 어쩔 수 없을 것 같아요."

그 후배의 이야기를 듣고 모두 놀란 표정을 감출 수가 없었습니다. 더욱 놀라운 것은 다른 교사들의 반응이었습니다.

"선생님, 잘 생각했어요. 교직이 잘 맞지 않고, 더군다나 지금처럼 아동학대니 하는 말도 안 되는 상황에 엮여 고생하기보다는 빨리 그만두고 다른 일을 찾아보는 것도 나쁘지 않아요."

　그 어려운 임용고사를 뚫고 교사가 되었는데 고작 3년을 넘기고 이직을 고민해야 한다니요. 저는 그 선생님의 남모를 노력이 아깝기도 하고 안타까운 마음에 어떻게든 말리고 싶었습니다. 또 무언가 대단히 잘못되어 가고 있다는 생각도 들었습니다.

　한때 초등학교 교사는 선망의 직업이었습니다. 많은 돈을 벌지는 못해도 정년까지 보장되고 은퇴 후 연금까지 기대할 수 있는 안정적인 직업으로 인기가 많았습니다. 최근에는 연금도 과거와 달리 큰 기대를 할 수 없게 되었습니다. 날이 갈수록 다루기 힘들어지는 아이들, 내 아이만 생각하는 학부모 등 어느 하나 쉬운 것이 없습니다. 아침부터 힘없는 얼굴로 맥없이 풀려 있던 그 후배에게 무슨 말을 해 줘야 할지, 아니 어떻게 도움을 줘야 할지 당장 답이 떠오르지 않았습니다.

　일주일 후, 그 일을 그냥 넘길 수 없었던 저는 그 후배에게 책 한 권을 선물했습니다. 그 책은 토드 휘태커가 쓴 『훌륭한 교사는 무엇이 다른가』입니다. 그는 미국에서 중고등학교 수학 교사를 했습니다. 이후 교장, 대학 교수 자리를 거치며 학교 현장에서 얻은 경험을 토대로 '훌륭한 교사'와 '훌륭한 교장'에 대한 특성 연구를 했습니다. 이 책은 훌륭한 교사의 19가지 특성에 관해 설명하고 있습니다. 그는 훌륭한 교사는 '사람에 관한 기술'이 있어야 하며, 매일 이 기술을 연마해야 한다고 강조합니다. 결정적으로 훌륭한 교사는 '사소한 소동은 모른 척할 줄 알고 상황을 악화시키지 않으며 학생을 다루는 부지런하고 섬세한 행동을 하는 사람'이라고 정의합니다. 저는 이 부분이 무척이나 마음에 들었습니다. 그 후배에게 제 백 마디 말보다는 오히려 책 한 권이 더 도움이 될 것 같은 생각에 이 책을 선물했습니다.

한 달여 시간이 흘렀습니다. 혼자 교실에 있는데, 그 후배가 찾아왔습니다.

"선생님, 지난번 선물해주신 책 정말 잘 읽었어요. 마치 제 이야기 같아서 책을 읽는데 눈물이 났어요. 그리고 무엇을 좀 더 노력해야 할지 약간의 답을 얻었어요."

손에 쥐고 온 커피 한 병을 제 책상 위에 올려두고는 여러 번 고맙다는 인사를 했습니다. 더는 말이 필요 없을 것 같았습니다. 선배 교사랍시고 주제넘게 이런저런 조언을 할 수가 없었습니다. 결국 중요한 선택은 제 몫이 아닌 그 선생님의 몫이기 때문입니다.

"도움이 되셨다니 다행이에요. 저 역시 24년째 이 일을 하고 있지만, 하루도 쉽지 않아요. 특히 요즘은 더욱 그런 것 같아요. 이제 저는 교직의 내리막길에 있어요. 그래서인지 하루하루가 무척 소중하게 느껴져요. 저는 선생님을 항상 응원해요."

그 후배 교사는 여전히 고군분투 중입니다. 올해 무척이나 유난스러운 아이들, 그 뒤에 있는 학부모, 잡다한 업무 등 여전히 해결되지 않은 숙제를 안고 있을 것입니다. 다행스럽게도 가끔 만나는 얼굴이 예전보다는 밝아졌습니다.

4년 차나, 24년 차나 아이들을 지도하는 일은 힘듭니다. 어느 날은 당장 때려치우고 싶습니다. 힘듦의 강도는 조금씩 다를 수 있지만, 아이들을 가르치는 일은 결단코 쉽지 않습니다. 이제는 알고 있습니다. 교직 생활이 늘 행복하고 좋을 수만은 없다는 것을요. 지극히 정상적이고 자연스러운 일이라 생각됩니다. 그간 학교에서 아이들과 부대끼며 살아보니, 교직 생활은 꿈에 젖은 환상이 아니었습니다. 처음 제가 품었던 이상적인 모습과 매일 마주하는 현실은 늘 괴리가 있었으니까요. 이상과 현실이 같을 수 없다면, 더는 그 속에서 괴로워할 필요가 없습니다. 힘든 날이 있으면 좋은 날도 있습니다. 어려운 일이 있으면 즐거운 일도 있을 것입니다. 아이들과의 하루하루는 우리네 인생살이와도 닮아 있습니다.

학기 초, 새 학년이 되어 어리숙한 아이들을 만나 1년여 공을 들입니다. 학기 말이 되면, 제법 영근 아이들이 되어 있습니다. 아이들이 성장한 것입니다. 누군가의 성장을 지켜본다는 것! 이 얼마나 큰 기쁨인지요. 제가 교사라는 사실에 보람과 긍지를 느낍니다. 이런 남다른 기쁨에 힘들어도 교단에서 버티고 있는 것은 아닐까, 합니다. 아이들을 가르친다

는 것은 연습이 없기에 그저 오늘 하루, 이 순간에 최선을 다하고자 노력
할 뿐입니다.

교사 경영이 만드는 교실혁명

2.

동료 교사 반성문

저는 학교에서 담임교사 외 보직교사를 겸하고 있습니다. 국어사전을 찾아보니, 보직교사란, '학교 조직에서 중간 관리층에 있는 교사, 또 학교 경영의 효율을 도모하기 위하여 법규에 따라 배치한 교사'를 뜻합니다. 보직교사는 부서별 업무를 담당하는 특수부장과 학년을 총괄하는 학년부장으로 나눌 수 있습니다. 제가 맡은 보직은 교육과정 부장입니다. 올해로 7년째 맡아 하고 있습니다. 특수부장을 맡으면 담임을 하지 않고 교과 한두 과목을 지도하는 교과 전담 교사를 하기도 합니다. 만약 담임교사를 할 경우는 업무처리를 원활하게 할 수 있도록 수업 지원을 받습니다. 그래야 업무량을 소화할 수 있기 때문입니다. 그래도 턱없이 부족해서 퇴근 시간 이후까지 업무를 보거나 토요일에 잠시 학교에 나가 일하기도 합니다.

교육과정 부장은 주로 10월부터 이듬해 2월까지가 가장 바쁩니다. 11월과 12월은 각종 설문조사를 해야 하고 바쁜 날은 수업과 업무가 뒤섞여 화장실 갈 틈도 없습니다. 새 학년도 교육과정 수립을 위한 부장 회의와 교직원 회의를 주관해야 해서 심적 부담도 큽니다. 각종 회의와 설문조사, 새로운 정책 반영 등이 마무리되면 겨울방학 전에 내년도 교육과정의 기조가 잡힙니다. 겨울방학 내내 법정 수업일수, 각 교과목 수업 시수 등을 따져가며 신년도 교육과정을 수립합니다. 교육과정 부장에게 겨울방학은 없습니다. 방학이지만 학교에 출근하거나 할 일이 있다는 생각에 마음이 편치 않기 때문입니다.

　지난 겨울방학 때에도 별반 다르지 않았습니다. 학교 전체의 교육프로그램을 수립하고 특히 법적인 수업일수나 수업 시수에 오류가 나면 큰일이기에 여러 번 들여다보고 또 들여다보았습니다. 교장, 교감의 의견 및 전체 교직원, 학생, 학부모 모두의 의견을 살피고 내년도 학교 교육 전반의 방향을 알아야 하기에 학교에도 여러 날 출근했습니다.

　2월이 되면 새 학년 구성이 발표되고 전년도 업무와 신년도 업무의 인수인계를 끝으로 모든 업무 배치가 완료됩니다. 교육과정 부장은 각 특수부장과 학년 부장에게 올해 우리 학교 교육과정에 대해 안내하고 부서별로, 학년별로 그에 맞는 교육과정 수립을 할 수 있도록 독려합니다. 신학년 집중 기간에는 모든 교사가 학교에 출근하기에 신학년 교육과정 연수를 진행합니다. 부서별, 학년별 신학년 준비가 잘 이루어질 수 있도록 업무 지원을 하는 셈이지요.

신학년도 교육과정 수립을 준비하다 보면, 3월이 채 되기도 전에 이미 녹초가 됩니다. 교육과정 부장을 오래 하다 보니 나름의 요량이 생겨 처음보다는 덜 하지만 학교의 중요한 일을 맡고 있다는 부담감에 늘 긴장되고 심적 부담이 느껴질 때가 많습니다. 모든 일이 그렇겠지만 해본 사람만이 알기에 다른 교사들은 잘 모릅니다. 업무 특성상 모든 학년, 모든 교사와 연결이 되어 있어 피로도 또한 높습니다. 늘 친절하게, 늘 긍정적으로 업무처리를 하려고 노력하지만, 간혹 생각지도 못한 일들이 터져 마음고생 할 때도 많습니다. 학교 교육과정 운영과 그에 따른 관련 행사를 진행하려고 하면 전화 문의가 끊이지 않습니다. 가끔은 제가 교사인지, 행정업무를 처리하는 일반 공무원인지 헷갈릴 때도 있습니다. 다른 사람을 도울 수 있고 그 무엇보다 학생들에게 직접적인 영향을 줄 수 있는 학교 특색 사업과 교육 프로그램을 주관할 수 있음에 큰 보람을 느낍니다.

부장 교사랍시고 항상 특별 대우를 받는 것만은 아닙니다. 코로나19 시기와 같은 비상사태가 발생하면 주말도 반납하고 학교로 출근하던 날도 여럿이었습니다. 어느 날이었습니다. 출근하자마자 바쁜 업무처리에 허덕이고 있었습니다. 시간표를 보니 교과수업이 두 시간 들어 있었습니다. 일 처리할 시간이 있으니 제법 여유가 있었습니다. 그런데 막 일을 시작하려는데 전화가 왔습니다. "부장님, 오늘 1학년 보결 들어가셔야 해요. 부장님 차례에요." 교무실 실무사의 전화였습니다. '이 바쁜 와중에 보결까지 들어가라니…' 순간 당황했으나 애써 아무렇지 않게 말했습니다. "네. 알겠습니다." 전화를 끊고는 한참을 멍하니 앉아 있었습니다. '오늘 힘든 날인가 보다. 이런 날일수록 천천히 돌아가자. 오늘 공문처리 못 하면 어때. 천천히 하자. 천천히 해.'라고 마음을 내려놓았습니다.

마음을 비우고 나니 더 기운이 나는 듯했습니다. 보결도 잘 마무리했습니다. 한참 후에, 코로나에 걸렸던 그 반 담임교사가 복귀하였습니다. 생각지도 않고 있었는데 인사를 건넵니다. 처음으로 코로나에 걸려 힘들었는데 제 덕분에 잘 넘어갔다는 짧은 인사도 나누었습니다. 제가 도움이 되었다니 기뻤습니다. 작은 것이지만 그냥 넘어가지 않고 말로 표현해 준 그 선생님이 감사했습니다.

코로나19 사태를 거치며 학교에서는 아픈 교사들을 대체할 강사나 기간제 교사를 구하기가 무척 힘들어졌습니다. 종종 학교 내 인력으로 문제를 해결해야 하는 상황에 놓입니다. 잠깐의 교과 시간으로 숨을 돌리는 교사들이기에 이 시간마저 보결로 들어가고 나면 하루가 힘듭니다. 그런데도 기꺼이 돕고 함께 합니다. 같은 교사이기에 아파도 출근해야 하고 힘들어도 결근하기 어려운 서로의 상황을 그 누구보다 잘 이해하고 있기 때문입니다. 저는 교육과정 부장이랍시고 학년에서도 많은 배려를 받고 있습니다. 그럴 때마다 미안함과 감사함이 교차합니다. 더없이 막중한 책임감도 느낍니다. 미안하게도 제가 보답할 수 있는 것은 어쩌다 대접하는 작은 간식 정도입니다.

저는 꿈이 있습니다. 바로 학교의 관리자가 되는 것입니다. 만약 제가 교장이 된다면 교사들이 행복하게 일하는 학교를 최우선으로 삼을 것입니다. 『훌륭한 교장은 무엇이 다른가』의 토드 휘태커는 훌륭한 교장은 프로그램이 아닌 사람에 초점을 맞추며, 학교의 질을 결정하는 것도 프로그램이 아니라 사람이라는 것을 절대 잊지 않는다고 말했습니다. 또한 학교를 획기적으로 발전시킬 수 있는 두 가지 방법을 다음과 같이 제안하였습니다. 첫째, 더 나은 교사를 확보하라. 둘째, 기존 교사를 개선하라. 아무리 정책이 훌륭하고 프로그램이 좋다고 한들 교사가 움직이지 않으면 소용이 없기 때문입니다. 교사가 진심으로 열과 성을 다하지 않으면 잘되지 않습니다. 교사가 행복해서 신바람 나게 일할 때 학생도 행복합니다.

오늘도 저만의 포부를 안고 묵묵히 나아갑니다. 그런 제 모습에 응원을 보내는 동료 교사들도 있습니다. 앞으로 제가 걸어가야 할 이 길을 지치지 않고 걸어가겠습니다. 쏟아지는 공문과 학교 업무처리에 소소한 수다

타임이나 일상을 많이 나누지는 못하지만, 훗날 제가 경영하는 멋진 학교를 꿈꾸며 오늘도 나아갑니다. 법정 스님의 말씀이 떠오릅니다. "입안에 말이 적고, 마음에 일이 적고, 배 속에 밥이 적어야 한다."라는 말을 제 마음속 깊은 곳에 새겨봅니다. 겸손과 묵묵함으로 저를 채우려 합니다.

3.

교단을 떠나는 주변 교사들

　최근 정년퇴임을 하는 교사들이 많지 않습니다. 아직 교사로서 근무할 연한이 남아 있는데도 퇴임하는 명예 퇴임이 더 많은 것이 오늘날 추세입니다. 정년퇴임을 하는 교사를 보며 복이 많은 선생님이라며 다들 부러워합니다. 마치 천연기념물이라도 보듯 어떻게 그 모진 세월을 이겨내고 아무 일 없이 정년퇴임 할 수 있냐며 다들 입을 모아 찬사를 보냅니다. 명예 퇴임하는 교사도 부러움을 받기는 매한가지입니다. 명예 퇴임을 하는 분들은 교직 경력이 20년 이상이고 대체로 정년까지 5~6년 정도를 남겨두고 있습니다. 자녀들도 거의 다 키웠고 경제적으로 어려움이 없는 분들이 대부분입니다. 지금처럼 힘든 교직에서 미련 없이 떠날 수 있는 사람이 몇이나 되냐며 부러워합니다.

그런가 하면, 아직 한창인데 학교를 떠나는 교사들도 종종 볼 수 있습니다. 작년에는 함께 일하던 바로 옆 반 후배 교사 J가 의원면직했습니다. 의원면직은 공무원이 자기 자신의 의지로 퇴사 의사를 밝히고 공무원 관계를 소멸시키는 행위, 즉 쉽게 말하면 사표를 쓰는 것을 말합니다. 그 후배는 30대 초반의 7년 차 교사였습니다. 옆 반이다 보니 자주 이야기도 하고 친하게 지낸 사이라 그녀의 의원면직 이야기는 저에게는 청천벽력과도 같았습니다.

"아니, 무슨 일이래? 그동안 말 못 할 무슨 일 있었던 거예요?"

"아니요, 그런 것은 아니에요. 그런데 나중에 듣게 되면 서운해하실까 봐 미리 말씀드려요. 진짜 고민 많이 했는데 더는 교직이 제 길이 아닌 것 같아서요. 행복하지 않아요."

그러면서 알게 된 다른 이야기는 전 학교에서 무척이나 힘든 일을 겪었고 그로 인해 우울증과 공황장애가 생겼다는 것입니다. 더는 구체적인 이야기를 들을 수는 없었지만 듣는 내내 마음이 아팠습니다. 미루어 짐작해 보건대, 그 선생님의 전임 근무지를 떠올려 보니 이해가 갔습니다. 교육에 열의가 높은 곳으로 학교에 크고 작은 민원이 끊이지 않는 동네입니다. 아마도 학생들과 학부모에게 많이 시달린 모양입니다. 며칠 후 그 선생님은 교장, 교감을 비롯한 많은 교사의 만류에도 불구하고 원하는 대로 학교를 그만두었습니다.

저는 가끔 그 후배가 생각나면 전화로 안부를 묻곤 했습니다. 얼마 전에도 전화를 걸었습니다. 다행히 생기 넘치는 목소리입니다. 자신은 아주 잘 지낸다고 했습니다. 교사 신분일 때 마음대로 하지 못했던 것을 할 수 있어서 재미있다고도 했습니다. 유튜브 등 SNS에 경험과 근황을 자유롭게 올리기도 하고 음식에 관심이 많아 요리도 배우고 나름의 시간을 보낸다고 해서 참 다행이다 싶었습니다. 옆 반 교사로 함께 했을 때보다 일반인이 된 그녀의 모습이 더 자유롭고 편안해 보였습니다. 잠시 생각에 잠겼습니다. '교사라서 자유롭지 못한 적이 있었던가?'라고 생각해 보니 제법 많았습니다. 처음 발령받고 교단에 선 후, 스스로 나 자신에게 부과한 것들이 많았습니다. 삶의 모범을 보여야 한다는 가장 기본적인 생각에서부터 자잘한 것들에 이르기까지 저를 옭아맨 것들이 제법 많았습니다.

지난번 동 학년 모임에서 연세 지긋하신 선배 교사가 했던 이야기가 떠올랐습니다. 교사가 된 이후로 참 조심히 살았다면서 무단횡단조차도 하지 않았다고 했습니다. 그렇습니다. 교사는 아이들을 가르치는 사람이기에 자신을 삼가고 가르치는 것과 내 삶이 어긋나지 않도록 작은 행동 하나하나에도 신중할 수밖에 없습니다. 그러나 교사라서 나 자신을 옭아매고 옥죄고 살고 싶지는 않습니다. '선생님'이기 이전에 '나' 자신으로 살고 싶습니다. 있는 그대로의 '나'로 말이지요. 교실과 내 삶이 유리되지 않기 위해 안간힘을 쓰고 노력합니다만, 교사도 선생이기 이전에 사람입니다.

그래서 조금 더 제 감정에 솔직하게, 부자연스럽지 않게 하루하루를 살고 싶습니다. 학부모와 학생들로 인해 넘어지고 눈물짓는 날이 생긴다면 실컷 울겠습니다. 그리고 아무 일도 없었다는 듯 다시 털고 일어나 또 아이들을 마주할 것입니다. 교사라서 행동을 조심한다기보다는 이 사회를 살아가는 어른으로서 마땅히 짊어질 책임을 다하며 살고 싶습니다.

한 가지 재미있는 사실이 있습니다. 여러 가지 이유로 학교를 떠난 선생님들이 다시 학교로 돌아온다는 것입니다. 모든 경우가 다 그렇지는 않지만, 종종 있습니다. 한 번은 이미 명예 퇴임으로 학교를 떠난 선생님인데 출근길에 다시 만났습니다.

"어, 선생님, 어쩐 일이세요?"

"어머나! 선생님, 반가워! 나, 3개월 기간제로 다시 학교로 출근해."

"아, 그러셨어요?"

출산 휴가로 비는 자리에 기간제 교사로 들어오신 모양입니다. 얼마 후 아이들 하교 지도를 하는 길에 선생님을 다시 만났습니다. 따뜻하고 온화하신 선배님으로 좋은 기억이 있는 분입니다. 주저 없이 선생님께 다가갔습니다.

"선생님, 힘드시지는 않으세요?"

"아휴, 뭐가 힘들어. 작년 1년만 쉬었지, 평생 하던 일인데. 막상 그만두고 학교에 안 나오니까, 뭘 해야 할지 모르겠더라. 그리고 재미가 없어. 힘들어도 애들이랑 있는 게 즐거워." 하며 속 이야기를 하십니다. 퇴임하고도 학교를 다시 찾는 선생님들을 제법 봅니다. 정말 학교가 힘들고 또 아이들이 지겨운 존재라면 학교에 다시 올 수 있을까요? 때가 되고, 형편에 의해 학교를 그만두었지만, 교사가 자신의 존재 가치를 느끼고 살아 있음을 느끼는 곳은 바로 학교입니다.

교사로서 아이들을 가르치는 일이 아니더라도, 자신의 배움을 실천하기 위해 학생으로 다시 학교를 찾는 선생님도 있습니다. 그 선배님은 퇴임 후, 평생 학교에 다니며 열심히 그림그리기를 배우셨습니다. 뒤늦게 화가로도 등단하였습니다. 이제는 소원하던 화가로 제2의 삶을 멋지게 살고 있습니다.

20대 초반 풋풋함을 안고 교단에 섭니다. 30여 년 세월을 지내오면 어느새 머리 희끗희끗한 원로교사가 됩니다. 학교를 떠납니다. 허무합니다. 그러나 교사의 삶은 그것이 끝이 아닙니다. 내가 가르친 아이들, 바로 제자들이 있기 때문입니다. 다른 사람이 알아주지 않더라도 교단에서 뿌린 씨앗이 자라 열매를 맺습니다. 제자들이 그들의 삶으로 말해줍니다.

영화 〈홀랜드 오퍼스〉의 마지막 장면이 떠오릅니다. 오퍼스 선생님의 마지막 날, 선생님을 거쳐 간 학생들이 하나둘씩 모여듭니다. 그의 마지막 날을 함께 축하해 줍니다. 선생님의 마지막 날은 끝나지 않았습니다.

한 교사의 삶이 학생들의 삶으로 고스란히 전해져 다시 살아 숨 쉬게 될 테니까요. 저는 정년퇴임을 꿈꿉니다. 교사로 할 수 있는 한 최선을 다해 살고 마지막 마침표를 멋지게 찍고 싶습니다. 그 마지막 날을 떠올려 봅니다. 교사로 여한 없이 한껏 살았노라고 자신에게 말해 줄 그날을 상상해 봅니다. 자유로운 새가 되어 날아오를 저를 떠올려 봅니다. 생각만 해도 행복합니다.

4.

성공적인 학급경영의 기초

성공적인 학급경영의 기초는 바로 교사 자신이 바로 서는 것입니다. 교사 자신이 바로 선다는 것은 어떤 뜻일까요? 교사 자신이 자기 삶의 주체로 당당하게 살아가는 것을 뜻합니다. 학급의 아이들을 바라보는 것도 중요하지만 먼저 교사 '나' 자신을 살펴야 합니다.

학급의 한 명의 우울한 아이가 있다고 학급 전체가 우울해지지는 않습니다. 교사가 우울하다면 어떨까요? 그 교실은 우울한 교실이 될 확률이 높습니다. 왜일까요? 교사는 그 학급에서 가장 영향력 있는 존재이기 때문입니다. 미국에서 가장 영향력 있는 교사로 호바트 불라바 초등학교에서 35년간 학생들을 가르쳤던 레이프 에스퀴스(Rafe Esquith) 선생님은 다음과 같이 말했습니다.

"모든 순간이 완벽하게 진행되는 것 같다가도 한순간에 무너질 수 있습니다. 그러나 한 가지만은 무너지지 말아야 합니다. 바로 당신입니다. 당신은 교실에서 변하지 않는 기준이 되어야 합니다. 당신의 가르침은 험난한 세상에서 학생들이 흔들려 넘어지지 않도록 도와주는 기반이 됩니다."

교실의 변하지 않는 기준이 되어야 하는 사람. 바로 교사입니다. 혼란스러운 교실에서 변하지 않는 기준이 된다는 것은 무엇일까요? 교사 자신의 철학을 가지고 흔들림 없이 나아가는 것을 의미합니다. 교실에서는 여러 가지 일들이 잘못될 수 있습니다. 하루에도 아니 한 시간 안에서도 예상치 않은 일들이 터집니다. 교사는 침착함을 잃어서는 안 됩니다. 어긋날 일을 바로잡아야 합니다. 그 어긋난 일을 바로잡을 수 있는 열쇠는 바로 교사, 자신입니다.

초임 시절, 제 뜻과는 별개로 끊임없이 변하는 주변 환경에 쉽게 동요되었습니다. 아침 출근길의 다짐과 달리, 아이들이 내 말을 듣지 않을 때, 또 생각지 못한 학부모의 항의 전화에 맥없이 무너졌습니다. 제가 먼저 흥분하여 아이들에게 소리를 지르거나, 저의 노력에 찬물을 끼얹는 학부모를 향한 서운함으로 하루 수업을 제대로 이끌지 못한 날이 있었습니다. 상황이 뜻대로 되지 않는 게 제 잘못처럼 느껴졌기 때문입니다. 어느 순간 깨닫게 되었습니다. 초임 교사나 경력 교사나 모두 뜻하지 않은 교실 상황을 마주하고 있다는 것입니다.

모든 일이 완벽하다가도 한순간에 무너져 내릴 수 있습니다. 그게 교실입니다. 아이들을 가르친다는 것은 늘 한결같지 않은 것이 정상입니다. 교사로서 내가 최선을 다한다 해도 어쩔 수 없는 상황들이 발생할 수 있다는 것입니다. 중요한 것은 그런 상황을 받아들이는 태도입니다. 내힘으로 설명할 수 없는 상황을 불평하는데 내 모든 에너지를 쏟고 나의감정과 기분에 취해 그날 하루를 망친다면 그것은 나의 하루만이 아닌모든 아이의 하루가 망가지는 것입니다.

반면 이러한 상황을 직시하고 유연하게 대처하는 교사는 그 모든 상황을 감수합니다. 끊임없이 변하는 주변 상황에도 불구하고 수업으로 가치를 전달하고 노력합니다. 아이들에게 어떤 교훈을 줄 수 있을지 기회를포착합니다. 오늘 하루의 수업으로 내가 가르치고 싶고 전하고 싶은 가치를 모두 전달할 수는 없습니다. 그렇기에 아이들과 보내는 하루하루는소중합니다. 그 하루하루가 쌓여 1달이 되고 1년이 될 테니까요. 폭풍우가 몰아치듯 변화하는 상황 속에서도 배의 키를 잡고 올바른 경로로 되돌려 놓을 수 있어야 합니다. 그런 교사가 되어야 합니다. 방법은 간단합니다. 내가 생각한 대로 수업이 이루어지지 않았다면, 그 수업의 목표를다시 떠올리고 다음 날 다시 지도하면 됩니다. 멈추지 않으면 되는 것입니다.

초임 시절의 일입니다. 한 번은 수업 중인데 쪽지를 주고받으며 딴짓하는 아이들을 발견했습니다. 저는 가차 없이 장난치는 아이들 곁으로 다가가 얼른 그 쪽지를 빼앗아 들었습니다. 그 쪽지에는 다른 친구를 욕하는 내용이 적혀 있었습니다. 순간 차오르는 화를 참지 못했습니다. 수업을 중단한 채 그 아이들을 혼내고 지도하기 바빴습니다. 그날 국어 수업은 그렇게 날아가 버렸습니다. 수업만이 날린 것이 아닙니다. 아이들과의 관계도 날아가 버렸습니다.

지금이라면 저는 이렇게 행동할 것입니다. 수업 중에 딴짓하는 아이들 곁으로 다가갑니다. 다른 아이들이 눈치채지 못하게 주의를 환기할 것입니다. 한동안 두 아이의 곁을 떠나지 않고 그 자리에서 계속 수업을 이어갈 것입니다. 그런 다음 수업이 다 끝난 후, 두 아이를 복도로 불러 어떤 일인지 이야기를 들어 볼 것입니다. 잘못된 것이 있다면 천천히 지도해도 늦지 않습니다. 끊임없이 변화하는 상황에 바로 반응하기보다는 한발짝 물러서거나 아무렇지 않은 듯, 한 시간의 수업을 다 마무리하고 무엇이 잘못되었는지 살펴도 늦지 않다는 것입니다. 때로는 적당히 모른 척 넘어가야 할 일도 있는 법이기 때문입니다.

학급경영이 잘되기 위해서는 아이들과의 첫 만남, 첫날도 중요하지만, 사실은 둘째 날, 셋째 날이 있기에 가능한 것입니다. 학급의 실제 모습은 첫날이 아닌 둘째 날에 더 가깝습니다. 매일의 일상이 무너지지 않도록 교사가 중심을 잡고 묵묵히 하루하루를 이어가는 그 속에 성공하는 학급경영의 비결이 있습니다. 매일의 일상이 무너지지 않고 중심을 잘 잡기 위해서는 교사가 나 자신을 돌볼 여유가 있어야 합니다. 바쁜 마음을 내려놓고 걸어온 길을 뒤 돌아보며 교사로서의 삶을 성찰해야 합니다.

교사의 삶과 교실은 분리될 수 없습니다. 교사 삶은 고스란히 교실과 연결되어 있습니다. 그러기에 교사는 하루를 값지게 살아야 합니다. 오늘 하루를 잘 살아야 또 내일이 있는 것입니다. 교사 개인의 지극히 평범한 일상을 아름답게 살아낼 때 교실에서도 실천할 힘이 생깁니다. 그런 교사의 삶의 자세가 학생들에게도 귀한 본보기가 될 수 있습니다. 내가 가르치는 아이들이 오늘 하루를 온전히 잘 살아내는 것, 또 잘 살아낼 수 있도록 좋은 습관을 길러주고, 희망을 불어넣어 주는 것, 바로 거기에 성공하는 학급경영의 비결이 있는 것은 아닐지 하는 생각을 해 봅니다.

김태현 선생님은 『교사의 시선』에서 "교육은 신비다. 교육은 사람과 사람이 깊게 만나는 신비다."라고 말합니다. "기계적이고 표준화된 매뉴얼로 '교육은 이래야 한다.'라는 틀을 가지고 교육을 한쪽으로 몰아가기보다는 사람과 사람이 만나서 서로 변화하는 깊은 울림이 있어야 한다."라고 말합니다. 결국 교사의 삶과 교육행위가 분리되지 않는 것, 교사가 자기 삶에서, 자기 교육에서 의미를 찾고 교실과 수업에 연결 짓는 것이 가장 중요한 일이 아닐까요?

5.

육아와 업무에 지치다

제 교직 생활 중 절체절명의 위기 순간을 꼽으라면 단연코 교대 부초에서 근무할 때일 것입니다. 어릴 적 꿈을 찾아 꿈에 부풀어 들어갔지만, 그 어떤 학교보다 힘들었습니다. 예비 교사 시절 교대부초에서 교생실습을 했습니다. 저를 지도해 주셨던 40대 중후반의 실습지도 선생님은 저의 우상이었습니다. 맵시 있는 옷차림은 물론이고 항상 웃음 띤 얼굴로 학급 아이들에게도 무척 다정하셨습니다. 특히 눈빛 하나만으로도 아이들을 쥐락펴락하는 노련한 학급경영 기술을 보여주었습니다. 당시 예비 교사로 한창 교사의 꿈을 그리던 저에게 그분은 큰 산처럼 느껴졌습니다. 저도 교사가 된다면, 언젠가 꼭 한 번은 예비 교사를 지도하는 실습지도 교사가 되리라 다짐했습니다.

그렇게 어릴 적 꿈을 찾아 시험까지 치며 들어갔던 교대부초는 제가 생각했던 것 이상으로 업무강도가 높은 학교였습니다. 수업 연구나 교생 지도를 위한 연구와 자기 연찬뿐만이 아니라 다양한 학교 행사 및 업무 처리를 위해 노력해야 했습니다. 멀리서 오는 학생들 때문에 아침 출근 시간도 무척이나 빨랐습니다. 각종 학교 행사로 시간 외 근무 즉, 야근해야 하는 날도 많았습니다.

초등학교 2학년 딸아이와 유치원을 다니는 아들 녀석을 키우고 있었던 저는 하루하루가 전쟁 같았습니다. 일반 공립학교에 근무할 때도 육아 독립군으로 누구의 도움 없이 오로지 남편과 서로 의지하며 고군분투하다시피 하며 아이들을 키웠습니다. 그보다 더한 학교를 스스로 찾아 들어갔으니 말해 무엇할까요? 처음 이 학교에 가겠다고 마음먹었을 때 주변에서 저를 말렸습니다. "거기는 승진을 목전에 둔 사람들이 가는 학교야. 소위 교감 사관 학교라고. 군대 같은 곳이라던데, 가서 견딜 수 있겠어?" 뭐든 도전하는 것을 좋아했고 남들 조언보다는 제가 하고 싶은 것에 돌진하는 저였기에 주변에서 뭐라 하든 말든 하나도 귀에 들어오지 않았습니다. 어릴 적 제 꿈을 찾아 꼭 해보고 싶었던 일이기에 어려움 따위는 문제가 되지 않았던 것입니다.

막상 원하는 것을 손에 쥐고 보니 그것은 현실이었습니다. 당장 하루하루 출근하고 퇴근하는 가장 기본적인 것부터 막막했습니다. 남편은 일

반 회사원이기에 퇴근 시간이 빠른 편이 아니었습니다. 둘이 온 힘을 다해 아이들을 건사하다가 별수 없이 친정 부모님의 도움을 받았습니다. 한시적으로나마 새로운 환경에 새로운 육아 시스템을 갖출 때까지 친정 어머니는 저를 도와주셨습니다.

그런 저와는 달리 다른 동료들은 이 학교에 들어온 목적이 분명했습니다. 승진을 위한 준비와 자기 연찬에 대한 확고한 신념도 있어 보였습니다. 그래서였는지 저는 이 학교에 근무한 지 며칠이 되지도 않아 급속도로 마음이 식어 버렸습니다. 제가 생각했던 학교생활과는 점점 멀어져 감을 느꼈습니다.

그러던 어느 날, 스스로 말했습니다. '이 상황을 이겨내는 것도 능력이야. 스스로 약해지지 말자. 내가 어떤 사람인지 보여주자.' 한동안 미뤄 두었던 논문을 끄집어냈습니다. 박사 코스웍만 마치고 육아와 학교 일을 핑계로 접었던 박사 논문을 이를 악물고 쓰기 시작했습니다. 저녁 늦게 퇴근한 날은 날밤을 새워가며 썼습니다. 어느 날은 왜 이렇게 사서 고생하며 사나 싶어서 저도 모르게 눈물이 흘렀습니다. 그렇게 숱하게 눈물 지은 날 덕분이었는지 그 학교에 들어가서 2년 만에 박사학위 논문을 제 두 손에 거머쥐게 되었습니다. 제 교직 생활 중 가장 힘들었던 곳에서 제 인생의 가장 큰 기쁨을 맛보았습니다. 박사학위논문 3차 심사가 있었던, 그날 저녁, 논문심사를 맡아주셨던 교수님들께서 애썼다면 좋은 결과가 있을 거라고 제 등을 토닥여 주셨습니다. 사람들이 모두 빠져나간 빈 강의실에 덩그러니 혼자 남겨지고 나서야 실감할 수 있었습니다. 눈물이 났습니다. 말로 표현할 수 없을 만큼 기쁘고 또 기뻤습니다. 이제 거칠 것이 없을 것만 같았습니다. 나름의 인생 고지에 올랐다고 스스로 의기양양했습니다. 영어 교과서도 같이 쓰자며 연락이 왔고, 대학 강단에 설 기회들이 저에게 주어졌습니다. 무엇이든 할 수 있을 것만 같은 꿈에 부풀어 올랐습니다.

인생은 한 치 앞을 내다볼 수 없다고…. 논문심사가 끝나고 한창 마무리 작업에 심혈을 기울이고 있을 때였습니다. 평소와 달리 엄청난 피로감과 연일 계속되는 울렁거림에 몸이 힘들었습니다. 그동안 너무 힘들어서 몸이 축나서 그러나 보다 싶었습니다. 근처 내과를 찾았습니다. 그랬더니만 의사가 이것저것 물어보더니 산부인과에 가보라는 것입니다. 얼른 병원을 나왔습니다. 혹시나 해서 임신테스트기를 하나 샀습니다. 선명하게 그어진 두 줄, 생각지도 못한 임신이었습니다. '이를 어째!' 어안이 벙벙했습니다. 다급하게 남편에게 전화를 걸었습니다. 헐레벌떡 뛰어온 남편과 산부인과를 찾아갔습니다. 정확히 임신이었습니다. 제 나이 40을 목전에 두고 남들 이야기인 줄 알았던 늦둥이 출산이 제 이야기가 되었습니다.

저는 그렇게 세 아이의 엄마가 되었습니다. 꿈에 그렸던 교대부초의 근무는 육아 휴직과 함께 자연스럽게 막을 내리게 되었습니다. 더는 아이 셋을 거느리며 그 학교에 근무할 수가 없었습니다. 내 소중한 아이와 바꿀 수 있는 것은 어디에도 없습니다. 과감히 공립학교로의 전출 서류를 작성했습니다. 하나도 서운하지 않았습니다. 아마도 그 학교에 더 근무했더라면 교감 승진 등 여러 가지로 이점이 있었을 테지만 아쉽지 않았습니다. 힘든 일이 많았던 학교였지만 이곳에서 제 인생에 있어 아주 소중한 것을 배우고 새기게 되었습니다. 그 학교에서 여태껏 한 번도 경험해 보지 못했던 소외된 자, 경계선 밖에 있는 사람들의 마음과 처지를 알게 되었습니다. 학창 시절 공부도 잘했고 비교적 원하는 대로 몇 번의 시험도 잘 넘어갔고 대체로 어려움 없이 컸던 저는 힘듦이란 것을 잘 몰랐던 것 같습니다.

특히나 주목받지 못하는 사람들의 마음, 심정 등은 헤아릴 길이 없었는데 저는 철저히 이 학교에서 1년 차, 2년 차로 살아가며 소외된 사람들, 약자들의 심정과 고충을 이해하게 되었습니다. 저 자신과 약속했습니다. 제가 어느 집단에 속해 있건 누가 약자이고 누가 소외된 자인지 살피며 살아야겠다고 다짐했습니다. 처음 다짐했던 그날만큼은 아니지만, 저와의 약속을 지키고자 항상 기억하려고 노력합니다.

이제는 추억이 되어버렸지만, 힘들었던 교대부초에서의 시간은 저를 키워준 소중한 시간이었습니다. 고생도 하고 눈물짓는 날도 있었지만, 용기 내 도전하길 잘했다고 생각합니다. 그때 용기를 냈기에 어릴 적 저의 꿈을 현실로 이룰 수 있었습니다. 어떤 상황에서든 모든 것이 다 좋을 수는 없습니다. 지금 돌이켜보니 힘든 학교였지만 사람을 대하는 법, 삶의 소중한 가치, 앞으로 교직 생활의 방향 등 얻는 것이 더 많았습니다. 어느새 초등학교 1학년이 된 막둥이를 보며 '그때 내 선택이 옳았지!' 하며 다시 한번 제 마음을 다잡아 봅니다.

마음속 희망만으로 이루어지는 일은 없습니다. 생각만 하고 몸을 움직이지 않는 건 자신을 스스로 속이는 일입니다. 뭐든 하려는 마음을 먹었다면 즉시 행동으로 옮겨보는 것도 꿈을 이루는 좋은 방법입니다. 실수하거나 실패해도 괜찮습니다. 시도하지 않으면 실패도 없습니다. 실패는 성공의 반대가 아니라 성공의 과정입니다. 대범하게 밀고 나가면 이루어집니다. 가만히 앉아서 얻을 수 있는 것은 없기 때문입니다. 무슨 일이든 하지 않고 후회하기보다는 저지르고 배우는 편이 성장에 더 가까운 선택은 아닐지 생각합니다.

6.

코로나 위기,
다시 신규교사로

지난 2020년 초유의 코로나19 사태는 우리 사회에 많은 변화를 초래하였습니다. 학교는 문을 닫았고 학생들은 온라인으로 교육받으며 혼란스러운 시기를 보냈습니다. 갑작스러운 코로나19 팬데믹으로 인해 등교 수업을 할 수 없게 되면서 교사들은 온라인 수업을 반강제적으로 준비하게 되었습니다.

평소 스마트 디바이스를 잘 다루지 않았던 저도 그 대열에 끼어 소위 '멘붕'이라는 큰 혼란을 겪었습니다. 학교에서 중견급 교사로 나름의 수업 기술과 학생 지도 경력을 내세웠던 경력 교사는 온데간데없이 사라졌습니다. 모두가 신규교사가 되어 지금껏 경험해 보지 못한 새로운 교육 체제에 익숙해져야만 했습니다.

교사들은 코로나19로 야기된 모든 상황이 낯설고 위기로 느껴질 수밖에 없었습니다. 코로나19가 우리에게 위기만 던져준 것은 아닙니다. 팬데믹 이전의 학교는 배움과 수업 이외도 공문처리, 학교 행사 준비, 구성원 관의 관계 등 많은 부분에 에너지를 써야만 했습니다. 반면 팬데믹으로 인해 각종 행사가 줄고 교육청에서도 꼭 필요한 업무인지에 대한 자각이 일었습니다. 그 결과 학교로 전해지는 많은 공문이 줄고 '수업'이라는 가장 기본적이고도 중요한 한 가지에 집중할 수 있었습니다. 또한 반 강제적으로 공개된 온라인 수업은 학교, 수업, 배움 등 교육의 본질적 가치의 중요성에 대해 다시 한번 생각할 기회를 주었습니다.

그렇게 2년이라는 시간 동안 우리는 어두컴컴한 터널을 지나왔습니다. 2022년, 위드 코로나를 내세우며 전면 등교를 시작하게 되었습니다. 학교는 다시금 새로운 국면을 맞이하게 되었습니다. 가까스로 문을 열고 보니 그동안 밀봉해 둔 고질적 문제점들이 수면 위로 고스란히 떠올랐습니다. 그것은 바로 학생들의 학력 격차에 따른 어려움이었습니다. 코로나 이전에도 문제점으로 대두되었으나 코로나19를 거치며 더욱 선명하게 드러난 것이지요. 또 미래 교육은 어떻습니까? 코로나로 인해 모든 사회 시스템이 4~5년이 빠르게 앞당겨져 버렸습니다. 미래를 위한 준비가 발등에 떨어진 불과 같습니다.

이를 두고 많은 이들이 코로나로 인한 위기라고 이야기합니다. 그러나 위기는 기회일 수 있습니다. 어쩌면 지금이 새로운 시대를 열기 위한 창조적 파괴의 상황은 아닐까요? 조지프 슘페터는 기술혁신으로 낡은 것을 무너뜨리고 새로운 것을 만들어 변혁을 일으키는 자본주의의 변화 과정을 설명하기 위해 '창조적 파괴'라는 말을 했습니다. 파괴 쪽에 있다면 유쾌하지 않을 것입니다. 그러나 창조적 측면에 서 있다면 어떨까요? 오히려 위기 상황을 인식하고 새로운 세대를 위한 교육의 기초를 다시 세울 절호의 기회라고 생각한다면, 결과는 어떻게 달라질 수 있을까요? 과거 흑사병이 가져온 엄청난 죽음을 냉정하게 목격한 유럽인이 다시 역사를 써 내려간 결과가 있습니다. 바로 르네상스입니다. 흑사병 끝에 르네상스라는 찬란한 문화가 일었던 것이지요. 그 역사를 기억해야 합니다. 처음 직면한 새로운 상황이지만 포기하고 좌절하기는 이릅니다. 모두가 신규교사가 되어 똑같은 출발선상에서 다시 시작해 보는 것입니다. 우리에게 새로운 기회가 부여된 것입니다.

지난 2~3여 년의 시간을 뒤돌아봅니다. 그 힘든 시기를 겪어낸 제가 기특하기만 합니다. 처음 코로나19 사태가 터졌을 때 설마설마했던 휴교령이 떨어졌습니다. 이후 처음 접해보는 원격수업을 위한 새로운 수업 방식에 적응하기 위해 안간힘을 썼습니다. 원격수업을 위해 동 학년 교사들과 삼삼오오 모여 원격시스템을 통한 모의 수업을 해보고 다양한 기술을 익히기 위해 고군분투했던 시간이 있었습니다. "내 목소리 잘 들려요? 어때요? 수업자료는 잘 공유되었나요? 영상 소리가 안 들려요."
옆 반을 오가며 서로 원격수업 시연을 하던 그때가 엊그제 같습니다.
60세를 바라보는 경력 교사도 20대 저경력 교사도 모두가 다시 신규교
사가 되었습니다. 그렇게 용을 쓰며 코로나 시기를 견뎌왔습니다. 아니
버텨왔습니다.

 아이들도 기특하기는 매한가지입니다. 2020년 그해 가르쳤던 1학년
아이들이 벌써 4학년이 되었습니다. 코로나 첫해, 홀수 번호와 짝수 번
호에 따라 등교일을 달리하며 등교했었습니다. 대면수업과 원격수업을
혼합한 '블렌디드 러닝'이라는 새로운 수업 방식이 등장하기도 했습니다.
부모들도 처음 접하는 원격수업 체제에 적응해야 했습니다. 원격수업을
처음 시행했던 날, 교사, 학생, 학부모 모두 한마음이 되어 마치 큰 거사
를 치르기라도 한 듯 긴장된 마음으로 수업에 임했던, 그날의 기억이 떠
오릅니다. 아이들에게는 내 옆에 있는 친구의 소중함을 인식하는 계기가
되었습니다. 평소 같으면 싸우고 서로 잘못을 이르고 투덕거렸을 아이들
이었지만 격주로 등교하는 학교, 어렵사리 만나는 친구들과는 다투지 못
했습니다. 서로의 소중함, 함께라는 것의 가치를 알기라도 하듯 다투지
않았던 것입니다.

 코로나19는 우리에게 다시금 '학교란 무엇인가?'라는 큰 화두를 던져

주었습니다. 그리고 이제는 미래 교육이라는 큰 과제를 안고 있습니다. 미래 시대의 변화에 유연하게 대처할 수 있는 소양을 기르기 위해 교육부는 새로 적용할 2022 개정 교육과정에서 학생들의 다양성을 존중하는 맞춤형 교육과정을 강조하고 있습니다. 이를 위해 학교 교육과정의 자율성 확대를 예고하고 있습니다. 또한 최근 「교과용 도서에 관한 규정」 개정을 통해 학습자 중심의 다양한 교과서 개발·보급의 길이 열렸습니다. 일련의 이러한 과정들은 교사의 권한과 선택권이 넓어질 수 있음을 시사하기도 합니다.

코로나19는 우리에게 위기와 기회를 동시에 주었습니다. 학교 현장은 지혜롭게 위기를 극복했고 이제 다시 기회 앞에 서 있습니다. 우리는 이제 어떤 선택을 해야 할까요? 과거로의 회귀일까요? 아니면 구시대의 낡은 관습을 버리고 한 단계 더 도약해야 할까요?

어쩌면 코로나19는 쉽게 해내지 못했을 일을 해낼 수 있도록 만든 계기가 아닐까, 합니다. 2022 개정 교육과정과 교사 교육과정이라는 새로운 정책 도입을 앞두고 있습니다. 이제는 교사가 학급 학생들 수준에 맞는 교육과정을 직접 디자인하고 이에 필요한 교재를 스스로 제작하거나 선택하는 교육 전문가로서의 교사의 본질적인 모습을 되찾을 수 있게 될 것이라고 예상합니다. 전문가로서의 교사가 자리 잡을 수 있는 학교 문화가 정착되기를 다시 한번 소망해 봅니다.

『손자병법』에 "이우위직(以迂爲直) 이환위리(以患爲利)"라는 말이 있습니다. 다른 길을 찾아 유리한 위치를 선점하고, 고난을 극복해 오히려 기회로 삼는다는 뜻입니다. 즉, "먼 길을 곧은 길로 삼는다."라는 말입니다. 변화의 속도를 내고 빠르게 변화하는 것도 중요하지만 먼 길을 돌아가는 마음으로 주변을 살펴야 한다는 것이지요. 모두가 속도를 내는 상황에 소외된 아이들은 없는지, 홀로 아파하는 아이들은 없는지 찾아야 합니다. 그리고 따뜻한 손을 내밀어 사람의 온기를 전해야 합니다. 각종 AI로 무장된 화려한 수업도 좋지만 따뜻함이 배어 있는 교사의 시선, 인간다움이 배어 있는 교실이 진정한 미래 교육을 위해 갖추어야 할 기본 조건은 아닐지 다시 한번 생각해 볼 때입니다.

7.

교사! 홀로서기

학기 초, 어떤 학급을 맡을지, 또 어떻게 운영해야 할지 생각이 많아집니다. 2024학년도는 새롭게 2022 개정 교육과정과 교사 교육과정이 시행되는 해입니다. 교사 교육과정은 학급 교육과정을 뛰어넘어 한 교사의 철학이 담긴 교육과정을 의미합니다. 해가 바뀌고 학생이 바뀌어도 루틴과 콘텐츠가 있는 그 교사만의 학급경영 철학을 담고 있는 교육과정을 의미하기도 합니다.

살면서 경영이란 것을 자주 접합니다. 자기 경영, 가정경영, 학급경영, 기업경영, 국가경영 등 다양하게 붙여 넣을 수 있습니다. 각 리더는 어떻게 하면 자기가 속한 그 집단을 잘 이끌어 갈지 고심이 큽니다. 경영의 더욱 근원적인 뜻은 다음과 같습니다. 경영은 관리하고 운영하는 것, 기초를 닦고 계획을 세워 어떤 일을 해 나가는 것, 궁극적으로 계획을 세워 집을 지어가는 것을 말합니다.

내가 속한 그 집단을 잘 관리하고 운영하기 위해서는 어떻게 해야 할까요? 먼저 교사의 학급경영에 대해 생각해 봅니다. 우리 반을, 우리 반 아이들을 잘 이끌기 위해서는 학기 초 학급 운영계획을 잘 세우고 동 학년과 공동연구를 통해 해당 학년에 가장 중요한 활동들을 잘 적용하는 것이 있을 수 있겠습니다. 또 교사의 경험에서 우러나오는 생활지도와 교과 지도의 접점을 잘 끌어내는 것도 있겠습니다. 그 무엇보다 가장 우선한 한 가지는 바로 교사 내가 나를 우뚝 세우는 것입니다. 학급경영에 앞서 자기 자신을 잘 경영하는 것, 나를 세우는 것이 먼저가 아닐지 생각합니다.

옛말에도 "수신제가 치국평천하"라는 말이 있습니다. 자신을 바로 세울 수 있을 때, 나라도 바로 세울 수 있다는 말입니다. 학급이라는 작은 공동체를 이끄는 일에도 교사 자신을 세우는 것이 먼저입니다. 그러면 어떻게 교사는 스스로 자기 경영을 할 수 있을까요? 그것은 바로 자기 자신을 정확히 인식하는 것에서부터 시작합니다. 24년 차 교사로 살아온 제 삶을 뒤돌아봅니다. 저는 2000년 첫 발령 이후 교직에 대한 뜨거운 열정을 가지고 자칭 열심히 살아온 열혈교사였지만 목적과 방향이 분명하지 않았습니다. 스스로 그냥 열심히 하면 길이 열릴 것이라는 생각에 열심히만 했습니다. '내가 어디로 가야 하고, 그 종착지에 다다르기 위해서는 어떤 노력을 해야 할까?'라고 깊이 생각하지 않았습니다.

줄곧 달려온 교사로서의 삶, 20년이 넘어가니 만나는 사람의 90%가 교사입니다. 특별한 일이 없는 한 학교와 집을 오가는 단조로운 일상을 살아가고 있었습니다. 그러던 어느 날 그동안 제가 만나보지 못했던 다양한 사람들로 구성된 커뮤니티에 발을 들여놓게 되었습니다. 처음에는 이 새로운 환경이 불안하기도 하고 덜컥 겁이 나기도 했습니다. 과감하게 제가 있었던 컴포트존에서 뛰쳐나와 이질적인 사람들과의 만남과 작업을 통해 새롭게 저를 알게 가게 되었습니다. 그동안 저에게 명명된 저의 모습이 어쩜 진짜 제 모습이 아닐 수도 있겠다는 생각도 하게 되었습니다.

'나는 누구일까? 내가 이 세상에 온 이유는 무엇일까? 나는 어떤 교사인가? 나는 어떻게 학생들과 소통하는가?' 등 다양한 질문을 떠올려 보았습니다. 그 질문들에 대한 답을 찾아가는 과정을 통해 저란 사람에 대해 다시 새롭게 정의 내리게 되었습니다. 결국 자기 경영의 시작은 내가 나를 정확히 인식하고 '나다움'을 인정하는 것이었습니다. 나다움을 인정할 때 비로소 나에게서 벗어나 더 확장된 시선으로 학급을 바라볼 수 있었습니다.

'나다움'을 인정한다는 것은 나의 현재 모습과 상황을 다 이해하고 받아들이는 것입니다. 작년에 있었던 일입니다. 함께 하던 동 학년 후배가 장학사가 되었습니다. 분명히 축하했고 또 축하할 일이건만 그 일 이후, 점점 작아지는 저를 보았습니다. 알 수 없는 허무함에 사로잡혀 한동안 힘들었습니다. '나도 열심히 살았는데, 나는 뭐지?' 허무했습니다. '나는 그동안 뭘 하고 살았을까?' 하며 저 자신을 자책하기도 했습니다. 그러나 이 알 수 없는 패배감에 더는 휩싸이기 싫었습니다. 과감히 결단을 내리고 컴포트존을 박차고 나와 저를 바꾸기로 했습니다. 첫 번째 제가 만나는 사람들을 달리하고, 두 번째 저를 새로운 환경에 던져 보기로 했습니다. 그 안에서 새롭게 나를 찾아보고자 노력했습니다. 그 결과 제가 교사로, 사회인으로, 엄마로 충분히 가치 있고 멋진 사람임을 깨닫게 되었습니다. '직'이 아닌 '업'을 위해 내 남은 교직 생활을 만들어 가야겠다는 큰 방향성도 다시 잡게 되었습니다. 방향이 잡히니 자연스럽게 저의 사명과 비전을 세울 수 있게 되었습니다.

① '직'이 아닌 '업'을 위한 삶

'직'이 아닌 '업'을 위한 삶을 위해서는 먼저 자기 일을 좋아해야 합니다. 좋아하는 일을 지속할 때 깊이가 만들어집니다. 한 번 반짝하고 사그라드는 것이 아닌 꾸준히 이어갔을 때 생각지도 못했던 결과물을 만들어 낼 수 있습니다. 무라카미 하루키에 따르면 소설가는 머리가 아주 좋거나 두뇌 회전이 빠른 사람은 결코 하지 못할 일이라고 합니다. 꾸준함과 끝까지 가보려는 마음가짐이 무엇보다 필요하다고 강조합니다. 정말 좋아하는 일을 찾았다면 한번 해보고 마는 것이 아니라, 지속성을 가지고 꾸준히 실천해야 합니다.

② 나의 사명과 비전 찾기

삶을 살아가는 나침반은 사명, 비전, 가치입니다. 이 세 가지를 토대로 인생의 방향을 잡아가고 살아가게 됩니다. 이것을 정확히 알고 목표 설정과 행동을 잘해 나가는 사람이 있지만 명확하지 않은 사람들도 많습니다. 사명(使命, mission)은 개인의 경우, 삶의 목적 내지는 존재 이유로 '나는 궁극적으로 무엇을 위해 사는가?'를 뜻합니다. 비전(vision)은 내가 열망하는 미래상으로 '나는 장차 이런 사람이 되고 싶다'를 뜻합니다. 비전은 그것을 성취하는 데 걸리는 시간에 따라 5~10년 후에 이루고 싶은 중기 비전과 궁극적으로 이루고 싶은 장기 비전으로 구분해 볼 수 있습니다.

③ '나다움'을 인식하기

나의 사명을 수립하기 위해서는 먼저 '나는 누구인가?'에 대한 자아정체성(identity)을 분명히 정립할 필요가 있습니다. 내가 어떤 사람인지를 충분히 인식하지 못하고서는 결코 다음 단계인 '내가 어떤 영원한 가치를 위해 살 것인가?'로 나아갈 수 없기 때문입니다.

19세기 영국의 저술가 새뮤얼 스마일스는 "생각의 씨앗을 뿌리면 행동의 열매를 얻게 되고, 행동의 씨앗을 뿌리면 습관의 열매를 얻게 되고, 습관의 씨앗은 성품을 얻게 하고, 성품은 우리의 운명을 결정짓는다."라고 말했습니다. 좋은 생각의 씨앗을 뿌리기 위해서는 확고한 사명과 비전이 생각의 밑바탕에 단단히 자리 잡고 있어야 합니다. 교사 자신이 자기 자신을 진정으로 받아들일 수 있을 때, 학급의 아이들도 있는 그대로 받아들일 수 있습니다. 더 나아가 긍정적인 학교생활을 만들어 갈 수 있습니다. 제대로 '나다움'을 인식했다면 자기 경영은 이미 시작된 것입니다. 교사가 굳건히 서서 버티고 있을 때 성공적인 학급경영도 이루어 낼 수 있습니다. 몽테뉴의 말이 떠오릅니다. "바람은 목적지가 없는 배를 밀어주지 않는다." 나다움을 찾고 나만의 방향과 목표를 세워 보는 것은 어떨까요? '교사 나다움'을 찾는 '나를 찾아 떠나는 여행'을 함께 떠나보겠습니까?

8.

교육이 삶이 되고,
삶이 교육이 되고

지난 12월 말에 존경하고 따르던 교장 선생님을 찾아뵈었습니다. 저는 다소 낯을 가리고 아무에게나 속마음을 쉽게 보이지 않습니다. 그런데 그 교장 선생님께는 마음 터놓고 제 이야기를 할 수 있었습니다. 그분은 저뿐만이 아닌 다른 사람의 이야기에도 귀 기울여 주십니다. 내 일처럼 속상해하시고 기뻐해 주십니다. 옳지 않은 일에 슬그머니 빠지기보다는 적극적으로 나서서 그 부당함을 대변해 주시기도 합니다. 아니 더 나아가 앞장섭니다. 제 교사 생활에 있어 이런 멋진 교장 선생님은 처음입니다.

그날, 이런저런 이야기를 많이 나누었습니다. 앞으로의 저의 꿈과 소명에 관해서도 이야기를 했습니다. 저는 초임 시절부터 열정 넘치는 교사로 발령 3년 차부터 연수원 강사를 시작했습니다. 수업 개선 연구 교사를 하기도 했고, 어린 나이에 학교의 중요 보직인 연구부장을 맡아 첫 부장을 시작하기도 했습니다. 어린 시절 로망이었던 재외 교육기관에 근무해 보고 싶어 중국에 있는 한국국제학교에도 지원하여, 2년 여 중국에 있는 한국 학생들을 가르치기도 했습니다. 예비 교사 시절, 저를 지도해 주던 실습 지도 교사가 멋져 보였습니다. 그래서 '나도 연구하는 교사, 예비 교사를 가르치는 교사가 되고 싶다.'라는 꿈을 꾸게 되었습니다. 그 결과 예비 교사를 양성하는 교대 부설초에서 근무하기도 했습니다.

우여곡절 끝에 셋째 막내를 낳고 많은 것들을 내려놓게 되었습니다. 그 후 교사로서의 성장을 꿈꾸기보다는 그냥 현실에 안주하는 편안함을 쫓아 살았습니다. 힘든 상황에 놓였을 때 선택의 갈림길에서 누구에게도 조언을 구할 수 없었습니다. 멘토를 만들고 살지 않은 저도 문제였지만 쉽사리 저에게 손을 내밀어 주는 사람도 없었습니다. 빈 교실에 덩그러니 혼자 남겨진 느낌이었습니다. 어느 순간 '내가 굉장히 먼 길을 돌아가고 있구나!' 깨달았습니다. 더는 멘토를 찾기 위해 헤매지 말고 내가 멘토가 되어야겠다는 생각에 이르게 되었습니다. '앞으로 나처럼, 뭔가 해보고 싶은데 어떻게 해야 할지 잘 모르겠고, 또 무엇이 중요한지 모르는 저 같은 교사에게 손을 내밀어 줄 수 있는 선배 교사가 되어야겠다.'라고 다짐했습니다.

그날 교장 선생님에게 부끄럽지만, 이런 저의 소신을 밝혔습니다.

"교장 선생님, 저는 앞으로 교장 선생님처럼 후배들에게 진심 어린 조언을 해줄 수 있고 또 방황하는 교사가 있다면 나름의 방향을 제시해 줄 수 있는 그런 교사들의 멘토가 되고 싶어요."

교장 선생님은 제 이야기를 듣고는 흔쾌히 기뻐해 주셨습니다. 또 응원을 아끼지 않으셨습니다. 교사들의 멘토가 되기 위해서 저는 성장해야 합니다. 아니 모든 교사는 항상 성장해야 합니다. 누군가를 가르친다는 것은 먼저 그 길을 가야 하기 때문입니다. 그래서 선생의 한자를 풀어보면 '먼저 살아내서 지혜를 터득한 사람'으로 풀이되는 것이 아닐까, 합니다.

선생의 좀 더 근원적인 뜻을 찾고 싶은 마음에 인터넷을 뒤적거려 보았습니다. 자그마치 선생은 조선 시대까지 올라가야 풀이할 수 있는 개념이었습니다. 역사 사전에 의하면 선생은 '본래 일찍부터 도를 깨달은 자, 덕업이 있는 자, 성현의 도를 전하고 학업을 가르쳐주며 의혹을 풀어주는 자, 국왕이 자문할 수 있을 만큼 학식을 가진 자' 등을 칭하는 말이었다고 합니다. 한국인의 전통적인 선생관은 학문의 전수 과정에서 형성되는 제도적인 측면과 덕망·학식을 갖추어 한 시대의 사표가 될 만한 인물을 존칭하는 것이었습니다. 오늘날 전통적 가치관이 무너지면서 선생도 생활인이자, 지식의 대가를 받는 직업인으로 격하되는 과정을 겪고 있습니다. 또 그 의미도 '남을 가르치는 사람'으로 단순화되어 가고 있습니다. 그러나 실로 엄청난 일을 하는 사람이 선생이었던 것은 분명합니다. 지금은 남을 가르치는 사람 정도로 해석되고 있지만, 선생이라고 하면 예나 지금이나 자신을 경계하고 사회적 모범이 되어야 함은 변함이 없는 것 같습니다.

마흔일곱, 중견 교사가 되었습니다. 학교 전체로 보면 허리 역할입니다. 교단의 노곤함 때문인지 정년까지 일하는 교사가 드뭅니다. 대부분 중도에 명예퇴직합니다. 지금 같은 추세라면, 오래지 않아 저도 대선배가 될 것 같습니다. "교사로 살면서 이렇게 사는 방법도 있습니다. 당신도 이렇게 한번 해보면 좋을 것 같습니다."라고 당당하게 말하고 싶습니다.

교사의 삶과 교육은 연결되어 있습니다. 내가 교사로서 배운 것을 내 삶에서 고스란히 녹여낼 때 교사인 나도 성장하고 아이들도 성장할 수 있습니다. 또 동료 교사도 함께 성장할 수 있습니다. 교사의 교육행위와 삶은 연결되어 있기에 교사는 교육적인 요소만 신경을 쓰고 개발하기보다는 교사의 삶 자체를 영감 있고 창조적으로 살아갈 필요가 있습니다.

교사의 시선에서 깨달아지는 삶의 본질, 미래 사회에서 우리가 놓치고 있는 것들, 수업을 준비하면서 알게 된 것들을 제 삶 속에서 풀어내고 싶습니다. 때로는 그것이 수업이 될 수도 있고 글이 될 수도 있으며 강연이 될 수도 있습니다.

또 교사는 더 많은 것을 채움으로써 성장하는 것이 아니라 비우고 집중함으로써 성장합니다. 그러기에 바쁜 마음을 내려놓고 내가 걸어온 길에 주목하면서, 내 삶을 더 단순화할 필요가 있습니다. 화려함의 생활이 아닌 단순함의 세계로 넘어갈 때 삶의 본질을 마주할 수 있으리라 기대합니다. 이제는 서서히 비우고 단순함의 세계로 가려 합니다.

그러기 위해서는 내가 먼저 나아가는 삶, 어쩜 그것이 교사로서 제 평생의 사명인지도 모르겠습니다. 학생들에게, 또 후배들에게, 제 자식들에게 또 제가 놓여 있는 곳 어디에서든 먼저 나아가는 삶을 살아야겠습니다. 집에서는 모범을 보이는 엄마로, 학교에서는 솔선수범하는 교사로, 사회에서는 실천하는 지식인으로. 그러다 보면 분명 성장하는 저를 마주하지 않을까요? '교사는 매 순간 성장해야 한다.'라는 말을 마음에 새겨봅니다. 오늘도 성장을 꿈꾸며 묵묵히 한발 한발 나아갑니다.

영화 〈홀랜드 오퍼스〉는 자신의 원대한 꿈을 이루는 데는 실패했지만, 수많은 제자에게 보이지 않는 씨앗을 뿌린 교사의 삶에 초점을 맞추고 있습니다. 주인공 홀랜드의 음악 교사로서의 마지막 날, 그에게 클라리넷 지도를 받았던 학생이 주지사의 신분이 되어 연단에서 말합니다.

"선생님은 자기 자신의 인생에 대해 후회하실지 모른다는 생각이 들어요. 언제나 교향곡을 작곡하셨지만 그다지 성공적이지 않았죠. 그러나 홀랜드 선생님은 부와 명성과는 비교도 할 수 없는 큰 성공을 이루셨어요. 주위를 둘러보세요. 이 자리에 있는 사람 중 선생님의 손길이 닿지 않은 사람은 없어요. 선생님 덕분에 더 나은 사람이 되었지요. 우리가 바로 선생님의 교향곡입니다. 우리가 모두 선생님 작품(opus)의 멜로디이자 음표예요. 우리가 바로 당신 인생이 만들어 낸 음악이에요."

화려하지 않지만, 자신에게 맡겨진 책임과 가치를 위해 최선을 다한 홀랜드 선생님의 삶 속에서 그 실마리를 찾아봅니다. 저 자신에게 속삭여봅니다.

'가르침은 교사의 삶을 내어주는 것이다.'

선생님!
23년 경력 교사의 깨달음을 잊지 마세요.

1. 아이들을 가르친다는 것은 연습이 없습니다. 그렇기에 그저 오늘 하루, 이 순간에 최선을 다해야 합니다.

2. 교사의 삶을 그 누가 알아주지 않더라고 실망하지 마십시오. 선생님이 뿌린 씨앗, 바로 제자들이 그들의 삶으로 이어가고 있으니까요.

3. 교사의 삶과 교육행위는 분리되지 않습니다. 교사는 자기 삶에서, 자기 교육에서 의미를 찾고 그것을 교실과 수업에 연결 지을 수 있을 때 행복합니다.

4. 최첨단을 달리는 교실도 따듯함과 인간다움이 배어 있는 교실을 능가할 수 없습니다. 교실의 온기가 아이들의 마음을 움직입니다.

5. 교사 자신이 자기 자신을 진정으로 받아들일 수 있을 때 학급의 아이들도 있는 그대로 받아들일 수 있습니다. 교사 '나다움'을 찾았을 때 긍정적인 학급경영에 한발 더 다가갈 수 있습니다.

제 3 장

자기 경영을 시작하다

1.

미라클 모닝을 시작하라

　지난 23년간 교단에서 학생들을 가르치고 교사로서의 삶을 충실히 살고자 노력했습니다. 열정 가득한 교사로 다양한 새로운 일들에 도전했습니다. 어릴 적 꿈이었던 재외 교육기관 교사로 해외에 있는 우리나라 학생들을 가르치기도 했었고, 예비 교사를 가르치는 교사로 부설초 교사로도 살아보았습니다. 그 꿈을 찾아 도전하고 이루어 냈습니다.

　배움에 대한 남다른 열정으로 석사, 박사 공부를 했고, 고진감래 끝에 박사학위를 손에 쥐었습니다. 박사 논문을 쓰고 통과하기까지 남모를 노력이 함께했습니다. 낮에는 학생들을 가르치고 밤에는 대학원 강의실에서 수업을 들었습니다. 동동거리며 두 아이를 키웠습니다. 아이들을 다 재운 후, 밤늦게야 논문을 쓸 수 있었습니다. 더러 밤을 지새우는 날도 있었습니다. 드디어 3번의 논문심사와 여러 우여곡절을 겪으며 박사학위를 받게 되었습니다.

인생은 한 치 앞을 내다볼 수 없다고 합니다. 정말 그랬습니다. 생각지도 못했던 늦둥이 임신에 어떤 선택을 해야 할지 망설였습니다. 저에게 온 귀한 생명을 선택했고 모든 것을 내려놓았습니다. 늦둥이 키우는 재미에 푹 빠졌습니다. 엄마로서 온전히 충실하게 살고자, 교직 생활 처음으로 1년의 육아 휴직도 했습니다. 아이들과 가정에 좀 더 집중할 수 있었습니다.

제 생애 처음 맛본 육아 휴직, 달콤했습니다. 행복했습니다. 매일 겪었던 출근의 압박이 사라지니 아침이 평화로웠습니다. 아이들에게는 잔소리가 아닌 웃는 얼굴로 등교를 도와주었습니다. 또 아이들이 하교하면 다정스레 간식도 챙겨주었습니다. 남편도 아이들도 모두 좋아했습니다. 늦둥이 막내도 무탈하게 잘 커 주었습니다. 그렇게 1년의 세월은 훌쩍 지나가 버렸습니다. 다시 학교로 복직할 때가 되었습니다. 이미 두 아이를 독립군 육아로 힘들게 키웠던 저는, 일과 육아를 병행할 엄두가 나지 않았습니다. 특히 한 가지 일을 해도 온 열정을 바쳤던 저이기에 다시는 그렇게 일을 할 수 없을 것만 같았습니다. 스스로 이런 생각도 했습니다. '어차피 제대로 하지 못할 것, 뭣 하려 해. 그냥 하지 말자.' 적당히 현실에 안주했습니다. 순응하는 자로 하루하루를 살아갔습니다. 점점 육아 기간도 길어지면서 아무런 노력도 하지 않고 정체된 느낌에 마음 한구석이 무겁게만 느껴졌습니다. 별로 특별할 필요가 없는 반복되는 지루한 하루, 달라질 것도 없고, 달라지려고도 하지 않았습니다. 겨우 학교를 오가며 하루하루를 버티고 있었습니다. 그러던 어느 날 문득 그렇게 멈춰버린 저 자신을 보게 되었습니다.

우연히 책 한 권을 읽게 되었습니다. 새벽 기상을 하는 김유진 변호사의 『나의 하루는 4시 30분에 시작된다』라는 책이었습니다. 책을 읽다가 이 한 문장에 멈추었습니다. "아무도 나에게 기대하지 않는다." 그만 눈물이 터져 나왔습니다. 저와 작가의 상황은 달랐지만, 이 한 문장으로 인해, 저는 저 자신을 돌아보게 되었습니다. '아이 셋 낳고 적당히 하루하루를 살아가는 나에게 누가 뭘 기대할까?' 싶었습니다. "애를 셋이나 낳았는데, 뭘 하겠어." 이런 소리가 들리는 것도 같았습니다. 그 무엇보다 저를 눈물짓게 했던 것은 바로 제가 저 자신에 대한 기대가 없다는 것이었습니다. 저조차도 저에게 기대하지 않는데 누가 저에게 기대할 수 있겠습니까?

바로 그다음 날, 2020년 11월 30일부터 새벽 기상을 시작했습니다. 무작정 일어났습니다. 뭘 해야 할지도 몰랐습니다. 그냥 일어나서 커피 한잔하며 책상 앞에 앉았습니다. 일단 늘 붙어 지내는 막내와 떨어져 혼자만의 시간을 가질 수 있어서 좋았습니다. 모두가 잠든 시간에 나만의 세상을 만난 듯한 여유로움이 느껴졌습니다. 평화롭기까지 했습니다. 새벽 시간이 점점 좋아졌습니다. 그러자 새벽 기상하는 날들이 많아졌습니다. 어느새 책을 읽게 되었습니다. 점차 새벽 시간에 제가 하고 싶은 일들이 생겨났습니다. 아주 작은 생활의 변화들이 다시금 저를 가슴 뛰게 했습니다. 결국 그동안 잊고 지냈던 본래의 제 모습을 되찾게 해주었습니다. 제가 도전하기 좋아했고 그 누구보다 적극적인 삶을 사는 사람이었음을 다시금 알려주었습니다.

그렇게 시작된 새벽 기상은 이제 자리를 잡았습니다. 어느 날 생각했습니다. '나는 남보다 몇 배의 노력을 기울였지만, 그 노력에 비해 성과는 왜 작을까? 좌충우돌했던 내 인생의 문제점은 무엇이었을까?' 곰곰이 생각해 보니, 아이 셋을 낳고 더는 아무것도 할 수 없을 것 같아서 모든 것을 포기하고 내려놓게 된 그 순간이 떠올랐습니다. 그때 혼자만의 생각으로 결단을 내리기보다는 제 주변 누군가에게 조언을 구할 수 있었다면, 어쩜 '저는 지금 제가 생각했던 제 길을 좀 더 수월하게 갈 수 있지 않았을까?' 하는 생각이 들었습니다. 마땅한 멘토가 없었던 제 책임이 큽니다. 그런데 다시 생각해 보니, 제 주변에 조언을 구할 사람이 있었어도, 묻지 않았을 것입니다. 저는 번 아웃 되어 있었으니까요. 그래도 한 번쯤은 조언을 구했어야 합니다. 그리고 다시 생각했어야 합니다.

항상 인생을 100의 속도로 달릴 수는 없습니다. 때로는 80, 때로는 50의 속도로 달릴 때도 있습니다. 그러다 어느새 다시 80, 100으로 채워지는 순간이 올 수 있습니다. 중요한 것은 멈추지 않는 것입니다. 그때의 저는 그 사실을 생각하지 못했습니다. '100으로 달릴 수 없다면 무슨 의미가 있겠나. 그만하자. 이제 더는 할 수 없어. 여기까지야.' 이렇게 쉽게 단정 지어 버린 것입니다.

그러나 멈춰 버린 순간, 다시 뛰기 위해서는 몇 곱절의 노력과 인내가 필요했습니다. 제가 그랬습니다. 다시 시작하려니 힘들었습니다. 자책도 했습니다. '왜 이런 날이 올 그거라 생각하지 못한 거냐고….'

그러나 지금, 저는 저만의 속도로 예전보다 더 여유 있게 인생을 관조하며 아름답고 소중한 것들을 놓치지 않으려고 합니다. 그 젊고 열정 가득했던 20대, 30대 시절 못지않게 남은 제 인생을 더욱 의미 있고 가치 있게 살고자 노력하고 있습니다. 그리고 한 가지, 저만의 사명, 목표가 생겼습니다. 교사를 돕는 교사로 살아가는 것입니다. 좌충우돌했던 저의 교직 경험을 바탕으로, 무엇인가 하고 싶은데 방법을 잘 모르겠고, 또 열정은 가득한 데 어떤 방향으로, 어떻게 나아갈지 어려움을 겪는 후배들을 돕고 싶습니다. 누군가의 삶에 결정적 한마디를 던질 수 있는 좋은 선배, 좋은 멘토로 제 남은 교직 생활을 채우려 합니다.

지금 성장하고 싶은데, 방법을 잘 모르겠고 또 어디서 무엇을 어떻게 해야 할지 막막함을 느낀다면, 새벽에 일어나 보세요. 그냥 일어나서 아무 일도 하지 않아도 됩니다. 일단 일어나 보세요. 멍하니 앉아 있어도 됩니다. 새벽의 맑은 기운을 느껴보세요. 무엇인가 서서히 달라질 것입니다. 새벽은 차분하고 고요합니다. 만물의 시작인 이 시간은 에너지가 가장 왕성한 시간이기도 합니다. 에너지 넘치는 조용한 이 시간은 무언가를 하기에 가장 좋은 시간이고, 오로지 나를 드러내기에 안성맞춤인 시간입니다. 그래서 온전히 나를 바라볼 수 있고, 오롯이 나의 삶으로 하루를 시작할 수 있는 것입니다. 저와 함께 새벽 기상을 시작해 보겠습니까?

새벽 기상 인증 사진

2.

책 한 권의 힘을 마주하라

"책 속에 길이 있다."라는 말뜻을 나이 40이 넘어서야 깨닫게 되었습니다. 중고등학교 시절, 시험공부 한다는 핑계를 대며 책을 많이 읽지 않았습니다. "공부해야지, 왜 책을 읽고 있니?" 책을 읽으면 혼이 나는 시대를 살기도 했습니다. 고등학교 시절에는 국어 시험을 대비해 교과서에 실린 문학작품 요약집 정도만 겨우 가까스로 읽었습니다. 그러다 보니 책에 그다지 큰 흥미가 없었습니다. 대학에 가서는 제법 책을 읽으려고 노력했습니다. 수업이 없는 시간은 주로 도서관에서 책을 보았는데 가볍게 볼 수 있는 수필을 좋아했습니다. 교육에 관련된 책들도 기웃거렸습니다. 다시 임용고사를 핑계로 책과는 또 멀어졌습니다.

교사가 되었습니다. 독서지도를 해야 했습니다. 아이들에게 독서의 중요성에 대해 언급하면서도 정작 저 자신은 책을 많이 읽는 교사가 아니었습니다. 늘 시간이 부족하다는 핑계를 댔습니다. 대학원에 진학하고 또 다른 공부를 시작했습니다. 독서는 항상 우선순위에서 밀려났습니다. 여전히 학교에서는 아이들에게 책을 많이 읽으라고 떠들어댔지만, 정작 저 자신은 독서의 참맛을 모르고 살았습니다.

그러던 어느 날, '더는 이렇게 살아서는 안 되겠다.'라는 결심과 함께 그다음 날부터 새벽 기상을 시작했습니다. 이후 자연스럽게 매일 독서라는 생활 습관을 만들어 갈 수 있었습니다. 존 맥스웰의『사람은 무엇으로 성장하는가』를 시작으로 구본영의『그대 스스로를 경영하라』를 비롯해 자기계발서에도 입문하게 되었습니다. 하루 10분을 목표로 조금씩 조금씩 읽다 보면 어느새 책 한 권을 뚝딱 읽을 수 있었습니다. 10분의 힘은 생각보다 놀라웠습니다. 책을 읽노라면 마치 제가 그 책의 저자를 마주하며 조곤조곤 삶에 대해, 또 인생에 관해 이야기하는 것만 같았습니다. 여태껏 경험해 보지 못했던 일입니다. 그동안 삶이 힘들어서 답이 보이지 않을 때 혼자서 끙끙 앓기만 했습니다. 때로는 저에게 조언을 줄 그 누군가를 찾느라 전전긍긍했습니다. 그런데 책을 읽다 보니 책 속에 답이 있었습니다. 해결책이 있었습니다. 어느 순간 '책 속에 길이 있었구나.' 무릎을 '탁' 칠 만큼 실감했습니다.

책 속의 저자가 삶에 지친 저에게 이렇게 살아보라고, 또 저렇게 살아보라며 아낌없는 조언을 주는 것 같았습니다. 또 어느 날은 제 등을 토닥이며 그동안 잘 버텼다고, 너니깐 해냈다면서 큰 위로를 주기도 했습니다. 몇 가지 사건 속에서 저는 독서의 중요성을 몸소 체험하게 되었습니다. 이후 학교에서도 집에서도 독서 예찬론자가 되었습니다.

매해 3월이면 학부모 총회를 합니다. 어김없이 독서에 관한 이야기를 꺼내 듭니다. 제가 생각하는 독서의 중요성을 피력합니다. 23년 교단에 서서 아이들을 가르치면서, 제 삶을 살아가면서 이제는 저 자신도 몸소 독서의 중요성을 깨달았기 때문입니다.

최근 2015 개정 교육과정에서는 이러한 독서의 중요성에 대한 시대적 요구를 반영한 듯 '한 학기 한 권 읽기'라는 독서교육이 교육과정 안에 들어와 있습니다. '한 학기 한 권 읽기' 활동은 긴 호흡으로 한 학기 동안 학급 아이들이 함께 한 권의 책을 같이 읽는 독서 활동입니다. 독서 전, 독서 중, 독서 후 활동을 통해 단순히 책 한 권을 읽는 것에 목표를 두기보다는 책 한 권에 연결된 다양한 주제를 다른 교과와도 연결해 보고, 또 학생들의 삶 속에 연결 지어 봅니다. 다양한 시각으로 작품을 내면화하고 내면화한 것들을 자신의 목소리, 자신의 이야기로 표현할 수 있도록 전략화하기도 합니다. 그래서 한 학기 한 권 읽기 활동은 온 작품 읽기로 이해할 수 있습니다. 책 한 권을 적극적으로 읽으면서 아이의 삶과 유리되지 않고 교육이 삶이 되고 삶이 교육이 될 수 있도록 독서가 그 매개체 역할을 하는 것입니다.

작품 하나를 정해 다양한 활동을 하며 깊게 읽기를 한다면, 교사는 자율적으로 책을 선정하고 그에 따른 독서 전, 중, 후 활동을 디자인할 수 있어야 합니다. 교사의 안목과 실천이 중요한 요소가 됩니다. 교사 자신이 독서를 통해 자기 삶을 생각하고, 삶과 연결 지어 사색하는 경험이 없다면 어떻게 학생들에게 그러한 경험을 전달할 수 있을까요? 한 학기 한 권 읽기를 온전하게 지도하기 위해서는 교사의 독서 실천이 그 무엇보다 중요하다고 말할 수 있습니다.

슬로리딩의 창시자 하시모토 다케시 선생님을 떠올려 봅니다. 제2차 세계대전이 끝난 후 나카 간스케가 쓴『은수저』를 중학교 과정 3년 동안 읽게 하는 전대미문의 수업을 실천하였습니다. 그로 인해 후기 학교에 지나지 않았던 '나다 학교'를 일본 최고의 명문고로 이끌었습니다. 하시모토 다케시로부터 은수저 교육을 받은 제자로는『침묵』의 저자인 작가 엔도 슈사쿠도 있습니다. 교사 한 사람이 불러일으킨 새로운 독서의 물결은 이내 큰 파도가 되어 오늘날까지도 계속되고 있는 것입니다.

요즘 아이들은 100세 인생을 내다본다고 합니다. 평생 책을 읽지 않으면 살 수 없는 시대가 오는 것입니다. '책이 정말 재미있네. 책을 읽어야지.' 하는 생각과 함께 평생 독서 습관이 매우 중요한 시대가 된 것입니다. 그리고 이러한 시대적 성찰이 교육과정 속으로, 학교 교육 속으로 들어왔습니다.

한 학기 한 권 읽기 독서 활동은 교사의 책 선정부터 시작됩니다. 교사가 어떤 책을 선정하느냐에 따라 아이들의 독서 경험은 천차만별이 될 수 있는 것입니다. 아이들에게 적확한 책을 선정할 수 있으려면 교사 역시 풍부한 독서 경험이 있어야 가능한 일일 것입니다. 다른 말로 하면, 교사의 독서 역량의 중요성을 거꾸로 말하고 있는 셈입니다.

정철희 선생님은 『교사의 독서』에서 교사들에게는 지적 피난처가 필요하다고 말합니다. 교육이 바로 서려면 교사가 바로 서야 하고, 교사가 바로 서야 한다는 것은 교사가 자기 정체성을 갖고 살아가는 것을 뜻합니다. 안타깝게도 오늘날의 교육 현실은 현장과 동떨어진 교원정책, 수업 준비할 시간마저 빼앗는 행정업무, 교권의 추락 등으로 자존감이 낮아지기도 합니다. 매너리즘에 빠져 나아갈 방향을 잃기도 합니다. 더러는 벼랑 끝으로 몰려 급기야 생존권을 위협받기도 합니다. 이러한 교사들을 위한 단단한 피신처가 필요합니다. 지적 피난처라 할 수 있는 독서를 통해 교사들은 그 속에서 스스로 치유하고 위로받을 수 있습니다. 교사들이 마주하는 고민을 책 속 내용과 연결 지어 풀어내고 교사 자신의 고통과 현실을 당당히 마주할 때 교사가 바로 설 수 있습니다.

아이들에게 독서의 중요성을 부르짖기보다는 저도 아이들 곁에서 책 읽는 모습을 행동으로 보여주고 싶습니다. 매일 아침 독서 시간이면 저도 아이들과 함께 10분 독서를 실천합니다. 매일 독서를 통해 삶이 독서가 되고, 독서가 삶이 될 수 그 접점에 아이들도 저도 흠뻑 빠져들고 싶습니다.

내 삶에 스며든 책

3.

시간 관리의 틀을 깨라

"바쁘다. 바빠!" 저는 "바쁘다!"라는 말을 입에 달고 살았습니다. 아이가 셋 되고부터는 하루가 어떻게 지나가는지 알 수 없을 만큼 빨리 지나갔습니다. 학교에 출근하면 오전은 눈 깜짝할 사이에 지나갔습니다. 아이들 하교 후 당장 눈앞에 닥친 공문처리, 숙제 검사, 수업 준비 등으로 동동거렸습니다. 그러다 할 일을 다 하지 못한 채 퇴근하는 때도 많았습니다. '어떻게 하면 시간을 잘 활용할 수 있을까?' 시간은 한정되어 있고 제 삶은 늘 동동거리기만 하고 뭔가 대책이 필요했습니다.

하루라는 시간의 중요성을 인식하지 못한 채 그냥 생각나는 대로, 몸 가는 대로 살았던 때가 있었습니다. 그날도 늦잠을 자고 허둥지둥 출근 준비를 했습니다. 하필이면 비도 내렸습니다. 한 손에는 우산을, 또 한 손은 아이 손을 잡았습니다. 간신히 어린이집에 맡기고 마음이 급해 거의 뛰다시피 했습니다. 그때였습니다. 갑자기 차 한 대가 갓길을 빠른 속도로 지나갔습니다. 그 순간 자동차 바퀴가 가르는 물벼락이 저에게로 떨어졌습니다. 우산을 눌러쓰고 차가 오는지도 모른 채 정신없이 걷다가 벌어진 일이었습니다. 그만 신발과 바지가 다 젖어 버렸습니다. 비 맞은 생쥐 꼴이 되었습니다. 길 가던 학생들도 또 다른 사람들도 힐끔힐끔 저를 쳐다보았습니다. 순간 창피함이 올라왔습니다. 비 맞은 바지가 더없이 무겁게 느껴졌습니다.

어디서부터 잘못된 것인가 싶어 저의 하루를 떠올려 보았습니다. 퇴근 후 집안일하고 저녁 먹고, 아이 씻기고 재우고 나면 어느새 시곗바늘이 10시를 가리킵니다. 슬슬 잠이 온다 싶으면 핸드폰을 찾아듭니다. 침대에 누워 뉴스 검색부터 시작해서 꼬리에 꼬리를 무는 알고리즘 검색을 합니다. 스마트폰을 손에 쥔 채 12시를 넘기고서야 잠이 듭니다. 늦게 잠이 들었으니, 아침에도 일찍 일어날 리가 없습니다. 7시를 넘겨 겨우겨우 잠자리에서 일어납니다. 주섬주섬 옷을 차려입고 아이들 아침밥을 챙깁니다. 시리얼을 먹이거나 바나나에 달걀부침 정도를 챙겨줍니다. 아이를 안고 어린이집으로 뛰어갑니다. 늦게 자고 늦게 일어나서 헐레벌떡 하루를 시작하는 것이 저의 일상이었습니다.

매해있는 교사 인사 기록을 점검하고 수정 보완하는 시기가 왔습니다.

제 교직 경력부터 저에 관한 잡다한 항목들을 점검하고 변동 사항이 있으면 수정해서 다시 업데이트하는 일입니다. 그간의 교직 경력과 거쳐온 학교들을 쭉 살펴보고 있노라니 만감이 교차합니다. 공립학교 교사들은 5년을 주기로 학교를 이동합니다. 여섯 번 학교 이동을 하고 나면 30년의 세월이 훌쩍 지나가는 셈입니다. 어느새 제 교직 경력도 20년을 넘었습니다. 네 개 학교 이상을 옮겨 다닌 것입니다. 24년 차 교사가 되었습니다. 교직의 내리막길을 위한 준비가 필요한 시점이 된 것입니다. 만 62세 정년을 기준으로 볼 때, 이제 저에게 남은 교직 생활은 15년뿐입니다. 길다면 길고 짧다면 짧은 기간입니다. 세 학교 정도를 옮겨 다니면 교직 인생이 막을 내릴 것입니다. 갑자기 마음이 조급해집니다. '나의 남은 교직 생활을 어떻게 보람차게 보낼 것인가? 나의 남은 교직 생활을 어떻게 가치 있게 보낼 것인가?' 생각이 많아졌습니다.

학교의 일상은 책 읽기 싫어하는 아이가 책장 넘기듯 빠르게 지나갑니다. 매일 매일 맞닥뜨리는 공문처리와 과제 검사, 수업 준비로 눈코 뜰 새 없이 흘러갑니다. 바삐 살다 보면 '내가 왜 사는지? 내가 무엇 때문에 이렇게 바쁜지?' 저 자신 조차로 영문도 모른 채 오늘도 허둥지둥, 내일도 허둥지둥 사는 것입니다. 그냥 사는 대로 살아가는 것입니다. 곰곰이 생각해 보니 제가 바쁘다고 열정을 쏟으며 살았던 일은 그다지 중요하지는 않은데 당장 급한 일들이 대부분이었습니다.

아이젠하워는 시간의 개념을 4가지로 구분하고 다음과 같은 유명한 말을 남겼습니다. "긴급한 일 중에 중요한 일은 없고, 중요한 일 중에는 긴급한 일은 없다." 그의 말에 따르면, 시간 관리의 진짜 비결은 긴급하지는 않지만 중요한 일에 대한 치밀한 계획과 기한 설정이 무엇보다 중요하다고 강조했습니다. 저는 학교에서 보내는 시간 대부분을 중요하지는 않지만 긴급한 일에 쩔쩔매며 살아가고 있었습니다. 그럼 긴급하지는 않은데 중요한 일은 무엇일까요? 바로 교사로서 좀 더 전문성을 갖추는 데 필요한 역량을 키우는 일입니다. 예를 들자면, 수업 연구, 대학원 공부나 교사로서의 철학을 세워주는 독서와 글쓰기가 될 수 있습니다. 이 일들은 저를 다른 사람과 차별화시켜 주고 교사로서의 정체성을 확립해 줄 수 있는 일입니다. 이러한 깨달음이 있고 나서부터는 일정 시간을 정하고 그 시간 동안 꼭 그 일들을 해내려고 노력했습니다. 대표적인 것이 바로 독서와 글쓰기였습니다.

주로 새벽에 일찍 일어나서 독서와 글쓰기를 했습니다. 처음에는 쉽지 않았습니다. 가까스로 새벽에 일어나기는 했지만, 몸이 말을 듣지 않아 꾸벅꾸벅 졸기도 했습니다. 어느 날은 그러다 다시 침대로 들어가 잠들어버렸습니다. 이대로는 안 되겠다 싶었습니다. 일단 새벽에 깨어 있는 것이 중요했습니다. 일어나면 바로 옷을 갈아입고 밖으로 뛰쳐나갔습니다. 아파트 주변 산책을 하거나 가볍게 뛰었습니다. 잠이 확 달아났습니다. 그렇게 한 달여 몸을 단련한 결과 새벽 기상이 자리를 잡았습니다. 하루에 큰 욕심을 부리지 않기로 했습니다. 독서와 글쓰기는 모두 하루 10분을 기본 단위로 실천해 보았습니다. 하루 10분이라 하면 코웃음을 칠지도 모르겠습니다. 그런데 매일매일 하루 10분 단위로 실천하는 독서가 효과가 있었습니다. 어느새 두꺼운 책 한 권의 마지막 장을 넘기고 있는 순간이 찾아옵니다. 타이머를 맞춰 놓고 딱 10분 집중해서 읽었을 뿐인데 말이지요. 이러한 경험을 계기로 10분이라는 시간, 아니 무심코 흘러 버릴 수 있는 시간의 소중함을 다시금 깨닫게 되었습니다.

시간은 헬라어로 두 가지 의미가 있다고 합니다. 첫째, 크로노스(chronos)입니다. 이는 우리가 시간이라고 하면, 흔히 알고 있는 1시, 2시, 3시…. 1월, 2월, 3월…. 봄이 가면 여름이 오고, 여름이 가면 가을과 겨울이 오는 자연스러운 시간의 흐름을 의미합니다. 즉 달력이나 시계로 잴 수 있는 개념을 뜻합니다. 둘째, 카이로스(kairos)는 어느 특정한 시기, 기회나 위기, 오늘은 어제의 연속이라 생각하지 않고 특정한 의미나 우선순위를 부여하는 시간을 의미합니다. 고작 10분이었지만 집중하며 읽었던 그 시간은 10분 이상의 시간으로 저에게 다가온 것입니다. 이후 제 삶에 10분 전략을 가지고 왔습니다. 10분 독서, 10분 명상, 10분 요리, 10분 청소, 10분 운동이 바로 그것입니다. 급기야 이런 저의 경험을 바탕으로 『아이 셋 워킹맘의 틈새 시간 활용법』이라는 전자책도 출간하게 되었습니다.

시간은 누구에게나 공평합니다. 하루 24시간, 하루 1,440분, 하루 86,400초 부자든, 가난한 사람이든, 남녀노소 누구를 막론하고 이 시간의 흐름을 거스를 수는 없습니다. 그 한정된 시간을 어떻게 쓰느냐에 따라 그 사람의 인생은 달라집니다. 전문성 있는 교사로 더 성장하고 싶다면, 급하지는 않지만 중요한 일부터 먼저 실행해 보는 것은 어떨까요? 큰 욕심을 부리기보다는 하루 10분부터 시작한다는 마음으로 그 10분의 시간을 크로노스의 시간이 아닌 나만의 카이로스의 시간으로 만들어 가보면 어떨까요? 에디슨의 말이 떠오릅니다. "가장 어리석고 못난 변명은 '시간이 없어서'라고 말하는 것이다."

4.

사명과 비전을 생각하라

2020년 코로나19 쓰나미가 모든 것을 바꾸어 놓았습니다. 생각지도 못한 이 감염병은 정치, 경제, 사회, 교육 등 우리 사회 전반에 걸쳐 새로운 패러다임을 제시했습니다. 저 역시 코로나19를 기점으로 제 삶을 전과 후로 나누어 생각해 보게 되었습니다.

2020년 3월, 교직 생활 21년 차, 2000년 첫 발령 이후, 그렇게 적막한 3월을 보낸 적이 없었습니다. 그해 3월은 코로나19로 학교에 휴교령이 내려지고 학교도 교사도 뿌연 안갯속에 덩그러니 놓인 느낌이었습니다. 한 치 앞을 내다보기 힘든 상황의 연속이었습니다. 턱없이 바빠야 할 3월인데 혼란스럽기만 했습니다. 자연스럽게 저에게로 관심이 향했습니다. '나는 어떤 사람인가?', '남은 교직 생활은 어떻게 보내야 하나?'라는 생각을 하며 여태껏 관심을 두지 않았던 인간 윤수정, 바로 '나'란 사람에 빠져들게 되었습니다.

우연히 김태현 선생님의 『교사의 시선』이란 책을 읽게 되었습니다. 선생님은 중등 국어 교사입니다. 선생님의 잔잔한 교직 생활 이야기가 제 마음속으로 들어왔습니다. 이 책은 선생님의 가족 이야기, 명화를 교사의 삶과 인간의 삶에 견주어 풀어 놓는 이야기, 비대면 수업 이야기 등 교사로서의 삶과 시선, 아니 교사로서의 정체성에 관한 물음들을 던져주었습니다. 인생에도 내리막길이 있듯이 교직에도 내리막길이 있다고 표현한 부분이 인상적이었습니다. 선생님 자신도 교직의 내리막길을 준비하고 있다는 그 한 문장이 눈에 확 들어왔습니다. 저도 이제는 교직의 내리막길을 준비해야 할 나이가 되었습니다. 손으로 꼽아 보았습니다. 대략 15년 정도가 남아 있었습니다. 10년이면 강산이 변한다고 합니다. 코로나19 이후, 5년, 더 짧게는 3~4년 주기로 세상이 바뀌는 판인데, 그렇게 생각해 보면 저는 아직도 멀었습니다. 이대로 흐지부지 제 교직 인생의 마침표를 찍어서는 안 되겠다는 생각에 정신이 바짝 들었습니다.

때마침, 인터넷에서 자기 계발 강연을 들었습니다. 저도 모르게 무엇에 홀린 듯 꼬리에 꼬리를 물며 비슷한 강의를 찾아들었습니다. 급기야 자기 계발 강좌를 주저함이 없이 신청하였습니다. 이 프로그램의 1강은 나에 대한 다양한 질문으로 제 인생을 뒤돌아보게 했습니다. 사명과 비전이라는 것도 새롭게 인식하게 되었습니다. 여태껏 저는 초등교사면 초등교사이지 교사로서 내 사명과 비전에 대해서는 구체적으로 생각해 본 적이 없었습니다. 사명(mission)은 개인의 철학, 내가 존재한 이유, 나의 가치를 생각하며 내 인생의 철학과 가치를 담는 것이라 말할 수 있습니다. 비전(vision)은 상위개념인 사명(mission)을 수행하기 위한 구체적인 전략, 매년, 혹은 몇 년에 한 번 변화할 수 있는 것으로 구체적인 목표를 포함하는 것입니다.

'나는 어떤 사람으로 살고 싶은가?'에 대해 답을 찾을 수가 없었습니다. 그 당시 저는 삶에 대해 크게 생각해 본 적도 없고, 갈팡질팡하기만 했습니다. 어느 방향으로 나아갈지 저 자신도 무척이나 혼란스러웠던 것 같습니다. 사명에 관한 질문에 대한 답을 찾지 못하니 당연히 비전도 찾을 수 없었습니다. 아이 셋을 낳고 인생 항로에 대한 고민이 많았던 때입니다. 그런 저에게 교장선생님은 장학사 시험을 권하셨습니다. 이도 저도 탈출구가 없다고 생각했던 저는 그날부로 공부를 시작했습니다. 사명이니 비전이니 그런 것 따위는 아랑곳없이 내가 살아 있음을 아니, 다시 내 가슴을 두근거리게 하는 그 무엇이 절실히 필요했기에 무작정 공부를 시작했습니다. 6개월 동안 공부에 매달렸습니다. 오롯이 공부에 집중하기는 쉽지 않았습니다. 아이도 셋, 더군다나 막내는 아직 5살밖에 되지 않아서 엄마 손이 매우 필요한 때였습니다. 출근이 빠르고 퇴근이 늦은 남편, 지방에 거주하시는 양쪽 부모님, 누구 하나 제 공부를 도와줄 아군은 없었습니다. 시간을 쪼개가며 저 자신과의 싸움을 시작했습니다. 그런데 공부하면 할수록 행복하지 않았습니다. 몸을 가두고 공부하는 것이 뭐 그리 행복할 일이 있겠습니까만, 작은 성취감마저도 전혀 느껴지지 않았습니다. 오히려 자기 비하, 주변 사람들에 대한 불만 등 공부하면 할수록 자꾸만 내 처지를 비관하는 마음이 생겨났습니다. '왜 아이는 셋이나 낳아서 이렇게 힘들게 사나? 왜 남편은 퇴근이 늦을까? 왜 우리 부모님은 만사를 제쳐놓고 나를 도와주려 하지 않으실까?'라는 마음속 깊숙한 곳에 꾹꾹 눌러놓은 온갖 부정적이고 원초적인 생각들이 제 마음을 휘휘 저어 수면 밖으로 터져 나왔습니다. 특별히 장학사가 되어야 하는 저만의 사명과 비전도 없이 다짜고짜 공부를 시작했기에 이 모든 상황이 견디기 힘들었습니다. 시간이 흘러도 저 자신이 장학사가 되어야 할 뚜렷한 사명과 비전을 찾을 수 없었습니다.

6개월 만에 이 공부를 접었습니다. 아니 집어치웠다는 말이 더 잘 어울릴 것입니다. 어떤 목적도 방향도 없이 매달렸던 공부이기에 후회도 미련도 아쉬움도 없었습니다. '이 공부가 뭐라고 공부한답시고 가정에 소홀하고 아이들도 잘 챙기지도 못했을까?' 주변 사람들 탓만 한 제 모습이 떠올라 부끄러울 뿐이었습니다. 이후로 저는 누군가의 삶에 있어 사명과 비전이 왜 중요한지 깨닫게 되었습니다. 맹목적으로 남들이 하니까, 다른 사람이 좋다고 하니까 '나도 한번 해볼까?'라는 생각이 얼마나 무모하고 가치 없는 것임을 깨닫게 된 것이지요.

　한 인간으로, 또 초등교사로 저의 사명과 비전 찾기는 한동안 계속되었습니다. 자기 계발 서적을 읽기도 했습니다. 자기 계발 강좌도 수강하며 '정말 내가 원하는 일 그리고 또 나다운 것이 무엇일까?' 치열하게 고민했습니다. 저는 열정 가득한 교사로 평범한 교직 생활을 이어가기보다는 남들이 하지 않은 선택을 많이 하며 살았습니다. 중국에 있는 재외교육 기관인 한국국제학교 교사로도 근무했습니다. 또 예비 교사를 양성하는 교대 부설초 교사로 근무하며 예비 교사들을 지도하기도 했습니다. 주경야독하며 박사학위를 받기도 했습니다. 어느 하나 쉽지 않았습니다. 힘들었습니다. 저의 교사로서의 삶은 편안하기보다는 좌충우돌 우당탕거리며 사는 쪽에 더 가까웠습니다. 그만큼 시련도 많았고 고통도 많았습니다. '나의 경험과 나다운 것은 무엇일까?' 고민한 결과 사명을 찾게되었습니다. '나는 교사를 돕는 교사가 된다.' 교사 교육으로 박사학위를 받기도 했고 저의 좌충우돌 교직 경험이 누군가에게 도움을 줄 수 있을지도 모른다는 생각이 들었습니다. '교사를 돕는 교사'가 되어 남은 교직 기간을 뜻깊게 만들어 가고 싶습니다.

　우리는 각자 자기 삶을 살아갑니다. 그 삶을 살아가면서 목표와 방향성 없이 산다면, 돛 없는 배와 같이 정처 없이 흔들릴 수 있습니다. "자신의 사명을 아는 사람만이 자기의 가치를 알 수 있다."라고 톨스토이도 말했습니다. 오늘, 이 순간 여러분은 어떤 사명 가지고 살아가고 있나요? 또 비전은 무엇인가요?

나는 어떤 사람인가?
나는 실제로 어떤 사람인가?

_____ 함으로써(기여 Contribution)

_____ 한다. (영향력 impcat)

5.

감사 일기와 긍정 확언을
장착하라

.

20대 청운의 꿈을 안고 교단에 섰을 때, 저는 무엇이든 할 수 있을 것만 같은 자신감에 가득 차 있었습니다. '내가 못 할 일이 뭐가 있어?'라는 마음으로 열정 가득한 교사로 살았습니다. 결혼 후 아이를 낳아 키우며 생각지도 못한 많은 일에 무너졌습니다. 부모가 되면서 세상이 내 맘대로 되지 않음을 절감했습니다. 아이들의 육아도, 학교에서 만나는 아이들도, 동료로 다 내 뜻과는 달리 움직였습니다. 특히 셋째를 낳고는 내 맘대로 되는 것은 그 무엇도 없고 오로지 '나' 자신만이 내 뜻대로 움직일 수 있는 유일한 존재임을 깨닫게 되었습니다.

동 학년 교사 중에 마음이 통하지 않는 한 사람이 있었습니다. 한동안 속앓이를 하다 옆 반, 연세 지긋한 선생님에게 찾아갔습니다. 나름의 고충을 이야기했습니다. 한참 동안 듣더니 이런저런 조언을 해 주셨습니다. 어느 정도 이야기가 끝나 교실을 나서려는데 결정적 한마디를 합니다. "남편도 내 마음대로 안 되고, 가족도 마음대로 안 되는데 남한테 뭘 기대해." 매일 함께하는 남편과 내 아이들, 가족도 내 맘대로 안 되는데 어떻게 다른 사람들을 내 맘대로 움직이려 했을까요? 제가 한심하기까지 했습니다.

한 번은 가족들과 빙 둘러앉아 가족회의를 했습니다. 이번 주 있었던 일들에 관해 이야기 나누고 용돈도 주었습니다. 아이들에게 몇 가지 지켜주었으면 하는 건의 사항도 말했습니다. 제 기대와는 달리 불만의 목소리가 터져 나왔습니다. 큰아들 녀석이 "이건 이래서 안 되고 저건 저래서 안 되고." 결국 "엄마는 너무 해요."라며 제 방으로 들어가 버렸습니다. 얼마 전 학교에서 선배 선생님이랑 이야기했던 일이 떠올랐습니다. '내 가족도 마음대로 안 되는 것. 맞네!'

여러 갈등 상황을 접하며 오로지 내가 바꿀 수 있는 것은, 바로 '나' 자신뿐임을 알게 되었습니다. 내 삶을 변화하고 '나' 자신을 성장시키기 위해서 무엇을 해야 할까, 고민했습니다. 우연히 오프라 윈프리의 성공 비결에 관한 영상을 보았습니다. 그녀의 성공 비결은 바로 감사 일기를 쓰는 것이었습니다. 어둠의 나락에서 그녀를 구하고 당당하고 꿋꿋하게 살아갈 수 있었던 감사 일기의 힘이 궁금했습니다. 호기심 반, 기대감 반. 그날로 당장 감사 일기 쓰는 것을 시작했습니다.

감사 일기를 접하고 제 나름의 방법으로 3년째 감사 일기를 쓰고 있습니다. 처음에는 막연하게 감사를 통해 현재의 우울한 상황을 벗어나고 싶었습니다. 내 삶을 긍정적으로 바꾸고 싶었습니다. 놀랍게도 매일 하다 보니 더 많은 것들이 감사로 다가왔습니다. 결국 감사는 감사를 낳음을 깨닫게 되었습니다. 그 무엇보다 큰 변화는 학교생활이 감사로 충만해질 수 있었습니다. 자연스럽게 마음의 안정도 찾을 수 있게 되었습니다. 담임교사로 아이들과 생활하다 보면 예기치 못한 일들에 마음의 평화가 깨질 때가 많았습니다. 감사 일기를 쓰면서부터 작은 일에 크게 동요되지 않고, 설령 마음에 들지 않는 일이 발생해도 그 상황에서도 감사할 일을 찾는 제가 보였습니다.

감사 일기와 함께 매일 쓰고 있는 것이 한 가지 더 있습니다. 바로 긍정 확언입니다. 매일 자기 자신에게 좋은 기대를 하고 '나' 자신을 '나' 스스로 격려하고 응원하는 문장을 쓰는 것입니다. 잠재의식에 관한 공부를 하게 되면서부터 인간의 모든 행동에는 무의식의 세계, 즉 잠재의식을 바탕으로 이루어진다는 것을 알게 되었습니다. 론다 번은 『시크릿』에서 "우리는 잘 인식하지 못하지만, 인간의 행동과 선택 그 모든 것은 의식하고 행한다기보다는 잠재의식에 따른 것"이라고 말합니다. 그래서 최대한

'나' 자신에게 긍정적인 말을 해주어야 한다고 강조합니다. 매일 '나' 자신을 긍정적으로 바라보고 긍정적인 기대를 하는 것이 나도 모르게 내 잠재의식을 관장하며 내 인생의 나침반과 같은 역할을 한다는 것입니다.

새벽 기상과 함께 감사일기와 긍정 확언으로 하루를 시작합니다. 보이지는 않지만, 제 마음의 근육이 탄탄해지리라 믿습니다. 학교에서 마주치는 다양한 사람 속에서 흔들리지 않고 나답게 살아가고 싶습니다. 그래서 작은 일에도 감사할 것을 찾고 그러한 제 마음을 자주 표현합니다. 교실에서는 아이들에게 감사라는 가치를 가르치기 위해 제가 먼저 아이들에게 감사함을 표현합니다. "예진아, 자료실 심부름해 주어서 정말 고마워.", "선생님의 이야기에 귀 기울이어주어서 고마워.", "과제물 제출을 잘해주어서 감사해." 제가 먼저 감사하기를 실천했더니 학급 아이들도 감사 표현을 어색해하지 않았습니다. 여기에 몇 가지 학급 감사 프로젝트를 더했더니 교실에도 평화가 찾아왔습니다. 집에서는 엄마인 제가 감사로 충만해지니 주변 가족들이 편안해졌고, 학교에서는 교사인 제가 먼저 적극적인 감사 표현을 했더니 아이들 서로 간에 감사하는 마음을 키워가는 모습을 보여주었습니다. 말 그대로 감사는 감사를 낳은 셈입니다.

긍정 확언을 꾸준히 실천한 결과 저 자신을 예전보다는 더 긍정적으로 바라볼 수 있었습니다. 자신을 스스로 격려하는 과정이 생각 외로 스트레스를 줄여주고 작은 일에 욱하는 마음도 잦아들게 했습니다. 제가 저를 긍정적으로 보기 시작하니 다른 사람에게도 좋은 기대를 할 수 있게 되었습니다. 그 무엇보다 좋았던 점은 정말 그렇게 될 것만 같은 기대감에 하루 생활이 설렜습니다. 감사할 수 없는 상황에서도 감사를 찾고 매일 나 자신에게 긍정의 말을 해주는 이 작은 하루 루틴이 저를 더욱 단단한 사람으로 만들어 주었습니다. 이제는 감사일기를 학급경영에 적용하고 있습니다. 해마다 만나는 아이들에게 감사일기 쓰기를 교육하고 더 나아가 아이들의 뒤에 있는 학부모님도 동참할 수 있도록 이끌고 있습니다. 올해 스승의 날에도 제자들의 편지를 받았습니다. 감사일기 쓰기를 통해서 많은 변화가 있었고 지금도 감사일기를 쓰고 있다는 내용의 편지였습니다.

오늘, 이 순간을 살아가면서 감사할 일을 찾는다면 하루하루가 특별한 하루가 될 수 있습니다. 매일 행복할 수는 없지만 매일 감사한 일은 찾을 수 있기 때문입니다. 살아 있음에 감사하다 보면 주변 사소한 것부터 감사로 다가옵니다. 삶이 신비롭기까지 합니다. 건강을 위해 몸의 근육을 단련해야 하듯 마음의 근육도 단련해야 합니다. 감사 일기와 긍정 확언은 보이지 않는 마음의 근육을 단련해 주는 좋은 도구인 것 같습니다. 시시각각 변하고 예측할 수 없는 학교, 교실이라는 곳에서 학급 담임으로 나만의 학급경영을 잘 해내기 위해서는 나를 단단히 지탱해 줄 그 무엇인가가 필요합니다. 감사 일기와 긍정 확언이 그 무엇이 아닐까, 합니다.

지금, 이 순간 감사할 일은 무엇인가요?

감사일기와 긍정확언

+431일째

23.11.26

1. 편안히 쉴 수 있는 일요일을 주셔서 감사합니다.

2. 태하, 두형이와 함께 학원에 가 볼 수 있어서 감사합니다.

3. 자녀들의 교육과 생활을 살피는 남편에게 감사합니다.

4. 아버지께서 응급실에서 안정을 찾으셔서 감사합니다. 더 악화되지 않아서
   감사합니다.

5. 1차 퇴고를 끝내서 감사합니다.(내일 새벽에 집중적으로!!)

6. IB 원서를 대략 마무리해서 감사합니다.

7. 집 안 청소하고 쓰레기를 잘 정리해서 감사합니다.

8. 손목이 조금 덜 아파서 다행입니다.

9. 저녁 식사를 맛있게 먹어서 감사합니다.

10. 온 가족이 같이할 수 있어서 감사합니다.

11. 나우학교 한 평 책방이 잘 마무리되어 감사합니다.

12. 내 몸이 건강해서 감사합니다.

13. 살뜰하고 따뜻한 막내가 있어서 감사합니다.

14. 오늘도 평화로운 하루를 허락해 주셔서 감사합니다.

감사일기 예시안

나는 작지만 긍정적인 생각하나로
무엇이든 바꿀 수 있다.
나의 사랑과 감사함으로
모든 부정성을 녹여 없앨 수 있다.
나는 '올바른 생각'의 힘으로
풍요와 건강의 삶을 살아간다.
나는 온 마음을 열어
좋은 생각과 좋은 말을 담는다.

-나우학교 긍정확언-

나는 웃음은 통해 나와 주변 사람들을
기쁘게 한다.
나는 내 몸이 건강함에
"고맙습니다.", "감사합니다."라고 말한다.
나는 오늘도 웃고 또 웃는
환한 내가 된다.

-나우학교 긍정확언-

나는 모든 경험을 배움의 기회로 삼는다.
나는 나의 무한성안에서 기쁨을 찾는다.
나는 내 삶속에서 모든 것들을
이미 다 가지고 있다.
나는 나에게 주어진 그 모든 것을
다 좋은 것으로 받아들인다.

-나우학교 긍정확언-

나는 충분히 유연하다.
나는 오늘도 감사가 충만한 삶을 산다.
나는 감사의 재발견을 위해 멈출 수 있다.
나는 부재와 상실의 깨어있음을 안다.
나는 내 삶을 감사로 꽉! 채운다.

-나우학교 긍정확언-

긍정확언 예시안

6.

건강한 신체, 강한 정신!

나이가 마흔을 넘어서고 마흔다섯을 넘기더니, 어느 순간 오십을 바라보게 되었습니다. 체력적인 부분에서도 변화가 느껴졌습니다. 예전에는 날밤을 새우며 일해도 제법 버티곤 했었는데, 이제는 조금만 무리하면 몸에 바로 표시가 납니다.

학교에서도 예전보다 빨리 에너지가 소모되었습니다. 오전 연달아 수업을 한 날이면 오후에는 기력이 다한 느낌이 들곤 했습니다. 오후 3시가 되면 이미 벌써 눈이 쑥 들어가 있거나 졸음이 한바탕 몰려오기 일쑤였습니다. 무엇보다 가장 힘든 일을 언제부턴가 저를 괴롭히고 있는 목 주변 통증이었습니다. 아직 디스크까지는 아니었지만, 장시간 앉아 있고 컴퓨터를 오랫동안 하는 탓인지, 목덜미가 뻐근하더니 급기야 어깨까지 아프기 시작했습니다. 어느 날은 목 주변이 점점 아파지더니 더는 앉아서 컴퓨터를 할 수가 없을 정도가 되었습니다. 고개를 살짝 돌리기만 해도 아프고 누워서 몸을 뒤척이는 것도 불편했습니다. 근처 정형외과도 가보고 한의원도 가보았습니다. 정형외과에 가도 한의원에 가도 "운동하세요."라는 말을 들었습니다. 병원도 갈 때뿐이었고 특별히 나아질 기미가 보이지 않았습니다. 그 모든 것의 원인이 운동 부족과 구부정한 제 자세 때문이라는 생각이 들었습니다.

그러던 어느 날, 동료 교사가 제 이야기를 듣더니 근육 운동을 해야 한다며 개인 PT를 적극적으로 권했습니다. 한 번도 헬스장에 다녀 본 적이 없었습니다. 한 달에 몇십 만 원 하는 수강료도 솔직히 아까웠습니다. 그런데 제 몸이 아프고 힘드니 더는 상관할 바가 아니었습니다. 첫 PT 수업을 받고 목덜미를 풀어주는 운동과 몸의 자세를 바로잡는 훈련을 받았습니다. 가르쳐준 대로 몇 가지 동작을 하는 것만으로도 목덜미가 나아지는 것처럼 느껴졌습니다. 그 후로 6개월 동안 하루도 빠짐없이 근육 운동을 위한 기본동작 들을 배웠습니다. 아프던 부위도 점점 좋아졌습니다.

저는 운동을 좋아하지 않습니다. 그러나 이번만큼은 건강을 위해 마음을 굳게 먹고 매일 매일 운동하기를 목표로 노력했습니다. 아이도 셋이나 되고 일도 해야 하는 제 상황에서 긴 시간 운동에 할애할 수는 없었습니다. 그래서 딱 하루 30분, 헬스장이 문을 여는 새벽 6시부터 6시 30분까지는 매일매일 운동을 했습니다. 정말 운동하기 싫은 날도 일단 운동화를 챙겨 들었습니다. 현관문을 열고 나가는 것이 중요했습니다. 그렇게 헬스장에 가면 저절로 운동하게 되었습니다. 중요한 것은 제 몸을 정해진 그 시간, 그 장소에 넣어두는 것입니다. 일단 가두어 놓으면 그다음은 몸이 알아서 움직일 테니까요.

6개월 동안의 운동은 저에게 꾸준함의 위력을 알게 했습니다. 아직도 갈 길이 멀었지만, 몸이 예전보다는 더 탄탄해진 것 같습니다. 무엇보다 달라진 것은 쉽게 지치지 않는다는 것입니다. 저는 정년까지 교단을 지키는 것이 목표입니다. 나이가 들어서도 학교에 남아 있으려면 교사로서 끊임없는 배움도 중요하지만, 그 무엇보다 건강을 지키는 것이 우선임을 알게 되었습니다. 건강하지 않고서는 교단에서 아니 교실에서 아이들과 함께 할 수 없기 때문입니다.

건강한 몸에 건강한 정신이라는 말이 떠오릅니다. 몸이 아프거나 불편하면 어느 순간 정신력도 약해 짐을 느낍니다. 쉽게 짜증이 나고 일에도 집중하기 어렵습니다. 교사가 건강해야 아이들도 잘 가르칠 수 있는 셈입니다. 학급을 운영하고 아이들을 가르치고 생활지도를 하는 것은 엄청난 에너지가 소모됩니다. 특히 교사는 계속 말해야 하다 보니 몸이 아프거나 체력이 약하면 가르치는 일도 한껏 해낼 수 없습니다. 교사 자기 경영의 밑바탕은 건강한 체력이라 해도 틀린 말이 아닐 것입니다.

 건강한 체력을 위해 돈을 들여서 하는 방법도 좋지만, 또 다른 방법으로 매일 산책을 하거나 엘리베이터보다는 계단을 이용하는 것도 방법입니다. 또 틈새 시간을 활용한 운동을 할 수도 있습니다. 제가 터득한 바쁜 하루 일상에서도 할 수 있는 틈새 운동법을 소개합니다. 첫째, 쉬는 시간에는 되도록 책상에 앉아 있지 않습니다. 기지개를 켜거나 간단한 맨손체조를 합니다. 특히 목덜미가 딱딱해지지 않도록 자주 등 근육을 풀어주고 목 운동을 하는 것도 좋은 방법이다. 둘째, 엘리베이터보다는 계단을 사용합니다. 처음에는 힘들게 느껴지기만 하다 보면 10층 정도는 거뜬히 올라갈 수 있게 되었습니다. 이렇듯 계단 오르기도 운동이 됩니다. 셋째, 체육 시간에 아이들과 같이 뜁니다. 보통 아이들만 준비운동을 하게 하며 호루라기를 불거나 지시만 내릴 때가 있었지만 이제는 아이들과 같이 뜁니다. 준비운동도 될 수 있으면 함께합니다. 넷째, 하교 지도와 함께 학교를 순회합니다. 이미 교문에서 인사를 하고 하교했는데도 불구하고 부모님 허락 없이 학교에 다시 오거나, 또 놀이터에서 노느라 집에 가지 않는 아이들이 있습니다. 학교 교정을 한 바퀴 돌다 보면 아이들도 점검하고 걷기 운동까지 하는 일거양득의 효과를 누릴 수 있습니다. 잠깐이라도 교실과 책상에서 벗어나 학교 교정의 꽃과 나무도 보고,

하늘도 한 번 올려다보면 어떨지요? 여유를 찾는 절호의 기회가 될 수 있습니다.

　학급경영의 시작은 바로 교사 자기 경영이 우선입니다. 교사 자기 경영을 잘하기 위해서는 무엇보다 건강한 체력이 뒤따라야 합니다. 목덜미가 아프고 체력이 약해졌을 때 일상생활을 온전하게 할 수 없었습니다. 급기야 정신마저 약해짐을 느꼈습니다. 건강한 신체에 강인한 정신이 따르는 법입니다.

　건강은 건강할 때 챙겨야 합니다. 건강을 잃은 후에는 아무 소용이 없습니다. 다시 건강을 찾기 위해 몇 배의 노력을 기울여야 할지도 모릅니다. "당장 시간이 없다, 여유가 없다."라고 말하기보다는 쉬는 시간 가벼운 맨손체조부터 시작해 보면 어떨까요? 아이들 하교와 함께 교정도 거닐어 보세요. 구부정한 허리도 쭉 펴봅니다. 교사로서 굳건하게 서기 위해서는 교사 자신이 건강할 때 가능합니다. 이쯤 되면 교사에게 건강은 선택이 아닌 필수이고, 의무라는 생각마저 듭니다. 교사가 건강해야 학급의 아이들도 건강합니다.

　토머스 제퍼슨은 "강한 신체는 정신을 강하게 만든다."라고 했습니다. 교사는 그 누구보다 강한 정신이 필요합니다. 교사는 살아 있는 인간을 대하고 그것도 에너지 넘치는 어린이들을 가르치기에 고도의 정신력과 인내가 필요합니다. 강한 정신은 건강한 신체에서 나오듯이 꾸준한 운동으로 몸도 마음도 단단하게 만들어 갈 수 있습니다. 매일 운동으로 교사 자신도 또 학급도 단단하게 만들어 가면 어떨까요?

7.

대학 강단에 서다

2016년 2월. 이화여대에서 박사학위를 받았습니다. 눈물겨운 노력 끝에 얻어낸 결과였습니다. 2017년 처음으로 대학 강단에 서게 되었습니다. 한껏 멋을 내고 학생들을 마주했던 그 첫날 감격이 지금도 머릿속에 선명합니다. 한참 어린 학생들이었지만 떨리고 긴장되었습니다. 누군가의 앞에 서서 말한다는 것은 예나 지금이나 쉽지 않습니다. 이화여대 초등교육과 3~4학년을 대상으로 초등영어 교수법을 가르쳤습니다. 처음 맡게 된 학부생 지도라서 열과 성을 다해 가르쳤습니다. 그러나 한 학기 강의를 끝으로 더는 하지 않았습니다. 막내가 어리기도 했고 학교 일, 육아, 대학 일까지 할 엄두가 나지 않았습니다. 사실 아이 핑계를 대기도 했지만 한 편으로는 실패가 두렵기도 했습니다. 지도교수님께서 주긴 기회를 그렇게 제 손으로 뿌리쳤습니다.

다시 2022년 11월, 몇 번의 특강을 할 기회가 주어졌습니다. 말 듣지 않는 제자에게 지도교수님께서 다시금 기회를 주신 것입니다. 삶과 일에 대한 열정과 욕심이 많은 제가 아이 키운다고 모든 것을 접어 버리고 사는 모습이 안쓰러우셨는지 저에게 열심히 해보라는 격려와 잘할 수 있다는 희망을 불어넣어 주셨습니다.

몇 번의 특강을 하며 마치 육상선수가 필드에 나서기 전 몸을 풀 듯, 슬슬 몸풀기를 시도했습니다. 그러다 2023년도는 1학기부터 3~4학년을 대상으로 한 학급경영 강의를 다시 시작하게 되었습니다. 숨 가쁘게 진행되는 매주 강의 준비에 정신을 차릴 수가 없었습니다. 1주일에 한 번 있는 수업이지만 장장 3시간을 떠들어야 하니 준비할 것이 많았습니다. 3시간을 강의하고 나면 기진맥진 온몸에 힘이 빠져나갔습니다. 힘들지만 하면 할수록 힘이 났습니다. 예비 교사를 도울 수 있고 제가 성장하고 있다는 생각이 들었기 때문입니다.

얼마 전 1학기 종강을 맞이했습니다. 첫 시간부터 마지막 시간까지 쭉 되짚어 생각해 보니 이번 학기 강의는 그 누구보다 저에게 특별했습니다. 학급경영에 대해 강의하다 보니 강의 준비를 하면서 24년 차 교사로 살아온 제 삶을 정리할 수 있었기 때문입니다. 제 정체성을 찾아가는 여정이었습니다. 학급경영 강의는 딱히 정해진 이론서가 있는 것이 아닙니다. 이 책 저 책을 뒤지며 강의 계획서를 작성하던 지난 2월이 떠오릅니다. '이번 강의는 어떻게 접근할까? 어떤 주제를 다룰까?' 등 생각이 많았습니다. 자연스럽게 제가 교사로서 걸어온 길을 더듬어 볼 수밖에 없었습니다.

예비 교사 시절의 철없던 나, 꿈과 이상으로 가득했던 새내기 교사였던 나, 이론과 실제 속에 힘들었던 나, 결혼 후, 교사이기 전에 생활인으로서 내 삶을 지탱해야 했던 나, 세 아이의 엄마가 되고 남은 교직 생활에 대해 치열하게 고민하던 나. 대략 이렇게 '나'란 사람에 대해 점철된 다양한 이미지, 그때 그 순간마다 저를 지배했던 제 생각을 정리해 보게 되었습니다.

학급경영에 있어 새로운 눈을 뜨게 해준 한 가지가 떠올랐습니다. '학급 긍정 훈육법(PDC: Positive Discipline in the Classroom)'입니다. 제인 넬슨에 의해 창시되고 정리된 새로운 훈육 기법입니다. 부모 교육에도 'PD(Positive Discipline)'라 하여 널리 활용되고 있는 훈육법 중 하나이지요. 존중과 격려를 기본 원칙으로 '단호하고 친절한 교사'를 표방합니다.

이렇게 PDC를 첫 강의 주제로 하여 〈감사가 있는 학급경영〉, 〈훌륭한 교사는 무엇이 다른가?: 교사론〉, 〈한 학기 한 권 읽기〉, 〈2022 개정 교육과정과 교사 교육과정〉, 〈교육과정 변화에 따른 학습지도: 프로젝트

학습, 서울교육 동향과 IB 교육〉, 〈생활지도와 인성 지도: 버츄 프로젝트〉, 〈AI와 미래 교육: 에듀테크 활용 교육〉와 같은 주제들을 다루었습니다.

그 과정 중에 학생 개개인의 학급경영관 및 대표 학급 활동에 대한 주제 발표와 토론, 토의, 실습이 함께 이루어졌습니다. 지금 돌이켜보니 제가 학생들을 가르친다고 했지만 결국 그들을 통해서 저도 많은 배움을 얻을 수 있었습니다. 바쁜 학교생활과 병행하며 대학 강의를 준비하는 것은 결코 쉬운 일이 아니었습니다. 강의 준비가 저를 짓누르는 책임감과 부담감으로 다가오는 때도 있었습니다. 최선을 다했습니다. 교사로서 제 삶을 뒤돌아볼 수 있었고 또 앞으로 어떻게 나아가야 할지 고찰하는 시간이 되었습니다. '가르치면서 더 배운다.'라는 말이 틀린 말이 아니었음을 다시금 느낄 수 있었습니다.

지난주, 강의 첫인사를 이렇게 시작하였습니다. "살베테, 메이 소치이!(안녕하세요. 나의 친구들(동료들))" 제가 요즘 푹 빠져 있는 『라틴어 수업』의 저자 한동일 교수님을 따라 해보았습니다. 이 책에 의하면 이 말은 세계 최초의 대학인 이탈리아 볼로냐 대학의 법학 교수인 이리네리우스 교수가 학생들에게 강의를 시작할 때마다 던진 인사말이라고 합니다. 이 말은 참으로 친근하게 다가옵니다. 이리네리우스 교수는 당시 법학과 교수로 명성이 높은 학자였습니다. 그런데도 가르치는 사람과 배우는 사람의 관계에 있어서 어떤 마음의 자세로 학생들을 대하고 가르쳐야 하는지 몸소 보여준 말입니다.

그 당시 대학교수의 위치는 지금보다 더 높고 명성이 자자했을 것으로 예상됩니다. 그런데도 학생들을 친구처럼, 동료처럼 대하고자 했던 중세 석학의 따뜻한 마음이 느껴집니다. 저도 마지막 날, 이리네리우스 교수처럼 인사말을 건넸습니다. "우리는 머지않아 다시 교단에서 재회하기에 친구이고 동료입니다."라고 말했습니다. 앞으로 예비 교사들이 실제 교단에 섰을 때 가르치는 사람으로서 학생들을 어떻게 대해야 하는지 생각해 볼 수 있는 기회를 준 것입니다.

중국 극동지방에서만 자라는 희귀종인 '모소 대나무'는 씨앗에서 싹이 트고 수년간 농부들이 매일 정성을 들여도 4년간 고작 3cm밖에 자라지 못한다고 합니다. 하지만 이 대나무는 5년째 되는 날부터 하루에 무려 30cm가 넘게 자라기 시작합니다. 그렇게 6주 만에 15m 이상 자라게 되고 곧 주변은 빽빽하고 울창한 대나무 숲이 됩니다. 어떻게 6주 만에 폭풍 성장을 할 수 있을까요? 6주 만에 급격한 속도로 성장한 것처럼 보이지만, 사실 이 모소 대나무는 씨앗이 움트고 나서 4년 동안 땅속에서 수백 미터 뿌리를 뻗친다고 합니다. 자라지 않은 것이 아니라 땅속 밑으로 깊고 단단한 뿌리를 내렸던 것입니다. 당장 눈앞에 결과가 보이지 않는다고 실망하지 않고 더 크게 자라기 위해 때를 기다리며 준비하는 모소 대나무처럼 지금 예비 교사로서의 시간을 그렇게 보냈으면 좋겠다고 말했습니다. 몇 년 후 마주할 아이들 앞에 단단히 설 수 있도록 비록 지금 힘들고 어려움이 있을지라도 묵묵히 견디고 하나씩 하나씩 이루어 내는 예비 교사의 삶을 잘 살아내기를 바란다는 당부도 잊지 않았습니다.

매 강의 시간 빠뜨리지 않고 강조한 말이 있습니다. "교사 자기 경영이 학급경영의 시작이다." 학급경영은 실천의 학문입니다. 실천하지 않는다면 곧 죽은 지식입니다. 사실 이 말은 예비 교사 그들에게 한 말이 아니라 저 자신에게 한 말이기도 합니다. 강의를 준비하고 또 강의 시간 내내 제 머리에 새기고 제 마음에 새긴 것입니다. 한 학기 동안 저를 찾아 떠나는 여행이 이제 곧 끝나갑니다. 한 편으로는 큰 짐을 벗은 것처럼 후련합니다. 다시금 또 제 길을 묵묵히 나아가야겠습니다. 저와 함께했던 예비 교사들이 훗날 교단에 서서 아이들과 행복하게 살아가는 교사로, 또 교사 자기 경영을 통해 단단한 학급경영의 리더로 자리매김하기를 기대해 봅니다. 예비 교사의 꿈과 희망을 응원합니다.

8.

1인 지식 기업가 되다

　22년 8월. 우연한 기회에 글쓰기 과정에 입문하게 되었습니다. 온라인 글쓰기 교실로 매주 토요일 아침 7시에 수업합니다. 100여 명 가까이 되는 사람들이 남녀노소 할 것 없이 빼곡히 컴퓨터 화면을 채웁니다. 23년 간 교사로 일하다 보니 만나는 사람들이 대부분 교사입니다. 글쓰기 교실에서는 다양한 직업을 가진 작가들을 만날 수 있었습니다. 용접일을 하면서 글을 쓰는 분, 시장에서 장사하면서 글을 쓰는 분, 암 환자로 투병 중에도 글을 쓰는 분, 자기 계발 분야에서 강사로 활동하는 분 등. 그분들의 글과 이야기를 통해 제가 접하지 못했던 더 넓은 세계를 알아가게 되었습니다. 아이 셋을 낳은 후, 저 혼자 세상 모든 짐을 짊어진 사람처럼 한숨짓는 날들이 많았는데 그들의 이야기를 듣노라면, 제 어려움쯤은 아무것도 아니었습니다. 제가 얼마나 감사해야 할 일이 많은 사람인지 스스로 깨닫게 되었습니다. 더 힘든 삶 속에서도 꿋꿋하게 묵묵히 일하고 치열하게 살아가는 분들이 많다는 사실을 깨닫게 되었습니다. 그렇게 저를, 저의 삶을 뒤돌아보게 되었습니다.

토요일 아침 글쓰기 수업 중이었습니다. 글쓰기 선생님이 하루빨리 블로그를 만들고 글을 써야 한다고 여러 번 강조하였습니다. "앞으로는 개인 플랫폼이 없으면 살아가기 힘든 세상이 될 것입니다. 블로그를 만들고 글을 쓰세요. 여러분이 쓴 글이 누군가에게 희망이 되고 위안이 될 수 있습니다." 수업마다 좋은 말씀을 해 주셨지만 이날 블로그에 관한 이야기는 계속 제 귓가에 맴돌았습니다. 생각해 보니 비공개 블로그이기는 하지만 저도 블로그 운영자였습니다. 그날 수업 이후 용기를 내어 비공개를 공개로 바꾸었습니다. '댓글과 좋아요!'라는 이모티콘을 누를 수 있도록 전체 설정도 수정하였습니다. 글쓰기 게시판을 만들어 글도 매일 썼습니다. 글을 올리기 무섭게 온라인 참여자들이 '좋아요'를 눌러주거나 댓글을 달아주었습니다. 놀라웠습니다. 저도 그분들의 글을 읽게 되었습니다. 비록 인터넷 공간이지만 때때로 마음을 울리는 가슴 따뜻한 글, 진심으로 응원한다는 댓글을 접할 수 있었습니다. 인터넷 공간도 사람이 사는 공간임을 아니 충분히 따뜻할 수 있다는 것을 알게 되었습니다.

어느 날이었습니다. 이웃 블로그를 탐방하던 중 '1인 지식 기업가'라는 단어가 눈에 들어왔습니다. '뭘까?' 호기심 어린 마음으로 글을 읽어 내려갔습니다. 앞으로의 시대는 직업도 하나의 직업이 아닌 다양한 직업을 가질 수 있고 이제는 각 개인이 하나의 콘텐츠를 생산하는 작은 기업과 같다는 내용이었습니다. 우리는 모두 1인 기업가가 될 수 있고 실제 1인 기업가로 살아가고 있는 거라고 말했습니다. 순간 저도 모르게 "맞아, 나도 1인 지식 기업가야. 교사는 모두 1인 기업가가 될 수 있어."라고 말했습니다. 뭔가 대단한 진리를 발견한 양, 마음이 뿌듯했습니다. 새로운 희망으로 가득 찼습니다. 이 일을 계기로 1인 지식 기업가 과정도 수료하고 새롭게 저 자신을 정립하기 위해 애썼습니다.

1인 지식 기업가라는 말을 이미 2000년대에 언급한 사람이 있습니다. 『그대, 스스로를 고용하라』의 구본형 작가입니다. 그는 "직장인은 죽었다. 더는 전통적인 의미의 직장인은 존재하지 않는다. 당신 안에 있는 조직 인간적 속성을 제거하라. 스스로 CEO처럼 생각하고 행동하라. 그리하여 그대, 스스로를 고용하라."라고 말했습니다. 이 책의 서문에서는 "어디서 무엇을 하든, 그대는 1인 기업을 경영하는 경영자라는 사실을 잊어서는 안 된다."라고 말하고 있었습니다.

교사인 저는 저를 둘러싼 작은 경험에서 큰 사건에 이르기까지 모든 상황을 학교와 학급에 연결 지어 생각하곤 합니다. '그럼, 교사도 1인 지식 기업가인가?' 맞습니다. 교사도 1인 지식 기업가이자 경영인이 될 수 있습니다. 학급이라는 작은 사회를 경영하는 경영인인 셈이지요. 기업의 경영 목적이 생존과 발전을 위해 최고의 효과를 내는 결정, 즉 이윤 창출이라면 학급경영은 교사의 철학과 교육 목표, 학급 실태 등을 바탕으로 학급 운영을 위한 계획을 세우고 실행하는 것입니다. 궁극적으로 학급 공동의 목표 달성을 위해 노력하는 것이라 말할 수 있습니다.

글쓰기 수업에서도 1인 지식 기업가 과정에서도 제가 얻을 수 있었던 가장 큰 깨달음은 바로, '교사 자기 혁명, 교사 자기 경영이 먼저다.'라는 결론입니다. 결국 모든 일에 있어서 내가 변해야 한다는 것입니다. 구본형 작가는 '골수 속에 있는 자신의 것만 남기고 다 버려라.'라고 말했습니다. 골수만 남기고 버린다는 것이 무슨 의미일까요? 첫째도, 둘째도 "나부터 바꿔라!"라는 말이 아닐까요? 과학자 스티븐 호킹 박사(Stephen Hawking)도 이런 말을 했습니다. "'나는 변화를 원하는가?'라는 질문은 무가치한 것이다. 단지 '변해서 무엇이 되고 싶은가, 그리고 어떻게 그렇게 될 수 있는가?'라는 질문만이 진정한 질문이다." 변화는 어려운 것이고 불편한 것이며 미지의 것입니다. '어떻게 나를 바꿀 것인가?' 고민하게 되었습니다.

세계적으로 유명한 일본의 경제학자 오마에 겐이치는 인간을 바꾸는 방법, 세 가지 방법에 대해 다음과 같이 말했습니다. 첫째, 시간을 달리 써라. 둘째, 사는 곳을 바꿔라. 셋째, 새로운 사람을 만나라. 올빼미형 인간도 훈련소에 입소하면 아침에 일찍 일어날 수 있듯 환경이 달라지면 누구든 강제로 변화가 생깁니다. 새로운 사람을 사귀라는 건 기회를 찾으라는 의미입니다. 사람이 하는 일은 항상 사람이 기회를 줍니다. 만나는 사람이 달라지면 하는 일과 방식도 달라질 수밖에 없습니다. 시간을 달리 쓰라는 말은 변화를 의미합니다. 과거와 다른 방식의 행동을 하라는 것입니다. 어제와 같은 오늘을 반복하는 것으론 어떤 변화도 있을 수 없기 때문입니다. 뭘 하든 기존 방식에서 탈피하라는 것입니다. 문제는 새로운 결심을 하지 않는 '나' 자신이 아닐까요? 그는 우리가 변화에서 매우 중요한 요소라고 생각하는 게 실제론 가장 무의미하다고도 역설합니다. 왜 수많은 사람이 그들의 의지와 상관없이 매일 자신과의 싸움에서 쉽게 무너져 내리는지 이해할 수 있습니다. 개인의 의지도 중요하지만, 환경과 상황을 바꾸는 것이 삶의 패턴을 바꾸는 것에 있어서는 매우 중요한 요소인 셈입니다.

24년 차 교사로 살아보니, 학교 담장 밖을 나가기가 점점 힘들어집니다. 아니 두렵습니다. 우물 안 개구리가 따로 없습니다. 잠시 그 담장 밖을 뛰쳐나와 주변을 돌아보니 수많은 사람이 자기 계발을 위해 또 각자의 성공을 위해 치열하게 내달리고 있었습니다. 물론 교사들 또한 매일 학생들과 현장에서 최선을 다하고 있습니다. 그러나 한 번쯤은 그 울타리 안에서 벗어나 볼 필요가 있습니다. 세상이 달리 보일 것입니다. 내가 오롯이 정답이라고만 생각했던 학교 안이 비좁게 느껴질 수도 있습니다. 세상은 변하고 있습니다. 그 변화에 가장 민감하게 반응하고 스스로 먼저 변화하는 사람이 바로 교사라면 좋겠습니다.

선생님!
교사 자기 경영 노하우를 기억해 주세요.

1. 새벽 기상을 통해 온전히 나를 바라보고 마주하는 시간을 내어 보세요. 에너지가 왕성한 새벽의 맑은 기운을 느끼며 나의 하루를 성공감으로 시작해 보세요.

2. 교사가 마주하는 고민을 책 속 내용과 연결 지어 풀어내고 교사 자신의 고통과 현실을 마주할 때 교사가 바로 설 수 있습니다.

3. 하루 10분부터 시작한다는 마음으로 긴급하지는 않은데 중요한 일에 시간을 쏟으십시오. 크로노스의 시간이 아닌 나만의 카이로스의 시간을 만들어보세요.

4. 교사를 넘어 '나는 어떤 교사가 될 것인가?'에 대한 답을 찾아보세요. 그것이 바로 나의 사명이 될 것입니다. 또 그 사명을 실천하기 위한 구체적인 전략은 나의 비전이 될 것입니다.

5. 감사 일기와 긍정 확언으로 단단하게 마음 근육을 단련해 보세요. 건강한 마음은 흔들림 없이 나아갈 수 있는 나만의 원동력이 될 것입니다.

제 4 장

자기 경영을
학급경영에 녹이다

1.

감사를 공유하라

 감사 일기를 3년째 쓰고 있습니다. 감사 일기를 쓰면서 새롭게 발견한 것이 있습니다. '감사한 일이 정말 많다.'라는 깨달음입니다. 모든 것이 감사한 일이었습니다. 특히 학교에서 학생들을 가르칠 수 있다는 것과 제 말을 들어주는 학생들이 있다는 것은 해를 거듭할수록 감사함으로 다가옵니다. 처음 학생들을 가르칠 때는 제 말을 당연히 들어야 한다고 여겼습니다. 선생인 제가 하는 말을 당연히 듣고 따라야 한다는 생각이 전부였습니다.

 자녀를 낳고 제 아이들을 키워보니 제 말을 곧이곧대로 들어주는 아이들은 집에 있는 아이들이 아닌 학교의 아이들이었습니다. 선생이라는 위치 때문인지는 몰라도 제 말 한마디이면 학급 아이들이 움직입니다. 이런 고마운 때가 어디 있겠습니까? 딸과 아들 녀석이 사춘기를 겪고 점점 커갈수록 제자들에 대한 감사가 더욱 커집니다. 그 감사함 때문에 저는 아이들 눈높이에 제 몸을 낮추고 아이들의 목소리에 더욱 귀 기울이고자 노력합니다.

작은 심부름을 한 아이에게도 감사 인사를 건넵니다. "민석아, 선생님 도와줘서 고마워." 또 과제를 잘해오는 아이들에게도 그 정성과 꾸준함이 고마워서 감사를 전합니다. "현기야, 어쩜 이렇게 독서록 과제를 성실히 해오니. 정말 고맙다." 감사 인사를 건네는 저도 신나고 아이들도 신이 납니다. 처음에는 이런 제 인사가 낯설었는지 어리둥절한 표정이었습니다. 여러 번 반복하다 보니 아이들은 익숙한 듯 저의 감사 인사를 잘 받고 보답이라도 하듯 더 열심히 노력하는 모습을 보여주었습니다. 교단에 서서 아이들을 가르칠 수 있다는 것, 또 제 말을 잘 들어주는 학생들이 있다는 것, 그 모든 것이 감사로 다가왔습니다. 감사를 깨닫게 되자 학교생활이 조금은 가벼워졌습니다.

학급 담임인 제가 매사 감사 인사를 건네다 보니 자연스럽게 저희 반은 감사하는 반이 되었습니다. 3월 첫날, 감사에 대한 가치교육을 시작으로 다양한 감사 활동을 합니다. 감사 마인드맵, 나에게 감사한 일 100가지 찾기, 부모님에게 감사한 일 100가지 찾기 등 나, 가족, 사회라는 주제로 점차 범위를 확대하여 삶 속에서 구체적인 감사가 이루어질 수 있도록 프로그램을 운영합니다. 놀라운 것은 '감사는 하면 할수록 더 많은 감사를 낳는다는 것'입니다. 감사가 가득한 교실은 학교폭력도 멈추게 합니다. 작은 일에 감사를 표현하면 아이들은 기뻐하고 서로에게 더 감사하는 마음을 갖게 됩니다.

올해 전교에서 지도하기 힘들다고 소문난 아이가 저희 반에 배정되었습니다. 저 역시 그 아이에 대한 두려움이 있었습니다. 만나기도 전부터 많은 걱정과 고민에 휩싸였습니다. 막상 그 아이와 함께 생활해 보니 딱 10살짜리 아이였습니다. 이 아이에게도 감사라는 가치를 깨닫게 해주고 싶었습니다. 한동안 아이를 지켜봤습니다. 작은 잘못은 슬쩍 넘어가 주기도 했습니다. 아이가 잘했을 때마다 칭찬해 주고 감사하다는 표현을 아끼지 않았습니다. 3월이 가고 4월이 되어도 큰 변화가 없었습니다. 여전히 아이는 개구쟁이 같았고 제 멋대로였습니다. 5월 어느 날이었습니다. 하교 인사를 하고 교실 밖으로 나가려던 참이었습니다. 찬규가 뭔가 할 말이 있는 듯 제 주변을 서성입니다. 그러더니 저에게 쪽지 하나를 건넵니다. 감사 쪽지였습니다. 생각지도 못한 감사 인사였습니다.

"어머나, 찬규야. 이게 뭐야?"

"선생님에게 감사 쪽지 쓴 거야?"

"네, 선생님, 지난번 저희가 잘했다고 학급 놀이 시간을 주셔서 정말 감사했습니다."

찬규는 넙죽 고개 숙여 인사를 하더니 얼른 교실 밖으로 나갑니다. 저는 가는 아이를 붙잡으며 "와 정말 감동이다. 선생님도 찬규에게 고마워."라고 말했습니다. 아이가 가고 나서도 한참을, 쪽지를 들여다보았습니다. 자세히 보니 하트를 10개나 그려 넣었습니다. 입가에 미소가 지어집니다. 그날 이후 아이는 점점 저의 감사 전략에 빠져들었습니다. 학급 아이들에게도 예전보다 더 부드럽게 말하고 행동도 많이 침착해졌습니다. 여전히 크고 작은 문제점은 있지만, 분명 아이가 점점 달라지고 있음이 느껴졌습니다. 찬규의 변화를 보며 제 생각이 틀리지 않았음을 확신했습니다. 감사의 힘을 알기에 감사라는 가치를 학급경영에 끌어왔습니다. 학급 아이들과 함께 매일 감사하는 생활을 꾸준히 실천하고 있습니다. 그 결과 아이들과 함께 실천한 감사를 『학급경영 성과를 두 배로 만드는 "나는 감사로 수업한다"』전자책으로도 출간할 수 있었습니다. 아이들과 실천한 감사 활동을 소개하면 다음과 같습니다.

① 감사 일기 21일/ 30일/ 66일 도전

감사에 대해 가르친 첫해 아이들과 함께 감사 일기 쓰기 365일 도전이라는 거창을 계획을 세우고 시작했습니다. 보기 좋게 패배했습니다. 365일이라는 것이 너무 길고 또 초등학생들에게는 무리였습니다. 중간마다 동기부여가 필요하고 긍정적 보상의 필요성을 느끼게 되었습니다. 작은 단위로 쪼개어 성취감을 맛보게 해주었습니다. 그랬더니 훨씬 더 흥미를 느끼고 지속해서 감사 일기 쓰는 것을 지켜볼 수 있었습니다. 습관 형성을 위해 최소 21일 도전을 시작으로 점차 늘려가는 방법을 추천합니다. 각 단계 도전에 성공하면 인증장을 수여하고 사진을 찍어 학급 갤러리에 올립니다. 작은 선물도 증정합니다. 작지만 중요한 의식을 치르듯 진지하게 인증장 수여식을 하고 나면 아이들은 자기도 모르게 어깨에 힘이 들어갑니다. 자동으로 다음 도전에 온 정성을 다합니다.

② 감사 샤워

칭찬 샤워와 비슷한 활동입니다. 매일 한 명씩 정해 이날은 내가 주인공이 되어 교사와 친구들로부터 감사 메시지를 받습니다. 교사도 꼭 함께 참여하여 솔선수범하는 모습을 보여주어야 합니다. 자신이 받은 감사 쪽지는 알림장에 잘 붙여가서 학부모도 같이 볼 수 있도록 합니다. 학급의 감사 활동과 학급 운영의 지향점을 알릴 수 있는 좋은 계기가 되었습니다.

③ 감사 릴레이

교실 한쪽에 포스트잇을 준비하고 감사한 일이 있으면 바로 적게 해두었습니다. 소소한 일에서부터 작은 감사를 찾아 포스트잇에 쓰는 아이들이 생겨났습니다. 자연스럽게 감사를 받은 아이는 또 다른 감사할 일을 찾게 되어 감사 릴레이가 이어지게 되었습니다.

④ 가족과 함께 감사하기

2학기에 접어들면, 학생뿐만이 아닌 가정에도 감사의 가치를 전합니다. 가족이 함께 돌아가며 감사 일기를 써보는 활동입니다. 바쁜 일상에 잊고 있던 가족의 소중함을 알게 하고 자연스럽게 부모와 대화할 수 있는 계기를 마련해 줄 수 있었습니다. 실제로 학부모의 반응도 매우 좋았습니다.

3월 신학기, 첫 만남부터 감사의 키워드를 가지고 하나씩 하나씩 적용해 보기를 추천합니다. 한 번에 많이 하기보다는 꾸준히 실천하는 것이 중요합니다. 무엇보다 잊지 말아야 할 것은 교사가 먼저 감사하는 삶을 실천하는 것입니다. 교사가 감사로 충만한 삶을 살아갈 때, 학생들도 조금씩 변화하기 시작합니다. 지금, 이 순간 학급에서 제가 감사할 일을 가장 먼저 찾기 위해 교실을 살핍니다. 아이들 한 명 한 명 눈을 크게 뜨고 살펴봅니다. 제가 먼저 아이들에게 감사의 말 한마디를 건넵니다. 감사를 전하는 저도 기쁘고 아이도 기쁩니다. 교사도 학생도 한마음이 되어 행복해집니다. 프랑스 철학자 J. 마르뎅은 "감사는 예의 중에 가장 아름다운 형태다."라고 말했습니다. 감사를 통한 삶의 품격, 삶의 품위를 가르쳐주고 싶습니다.

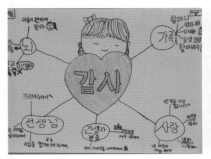

감사 마인드 맵

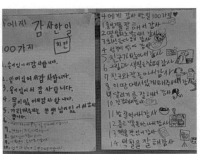

나에게 감사한 일 100가지

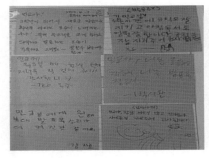

붙임쪽지를 활용한 감사 샤워

가족 감사 일기

2.

책이 삶에 스며들게 하라

"책 속에 길이 있다."

뒤늦게 독서의 참맛을 알게 되었습니다. 정말 책 속에 길이 있었습니다. 학창 시절 공부한답시고 책과는 담을 쌓았습니다. 그 시절 중고등학생이 책을 읽는 것에 대한 인식도 달랐습니다. "너 공부해야지. 왜 책을 읽고 있니?"라며 부모님의 걱정스러운 한마디를 듣고 했던 때가 있었습니다. 공부와 독서가 별개인 것으로 인식되었던 때였습니다. 저도 그렇게 책을 읽으면 학교 성적이 떨어지는 줄만 알았습니다. 공부가 우선순위가 되다 보니 책은 자연스럽게 멀어져갔습니다. 그때 읽었던 것 중 기억이 나는 것은 국어 교과서와 관련된 한국 고전문학 줄거리 요약본이었습니다.

교사가 된 후에도 책 읽기에 도통 관심이 없었습니다. 늘 바쁘다는 핑계 속에 책 읽기는 뒷전이었습니다. 가끔 서점에 가면 한두 권을 샀지만, 그마저도 다 읽지 않고 진열만 해 두는 정도였습니다. 나이 40을 넘기고 늦둥이를 낳고 삶이 더없이 팍팍하고 힘들었습니다. 더는 앞으로 한 발짝도 나아갈 수 없게 느껴졌습니다. 이 상황을 벗어나고 싶은데 벗어나지는 못하겠고 나를 도와줄 누군가가 있었으면 했습니다. 손가락 하나만이라도 내밀면 냉큼 잡고 싶을 만큼 간절했습니다. 그 누구를 찾는 것은 쉬운 일이 아니었습니다.

조윤재의 『다산의 마지막 습관』을 읽었습니다. '16년의 유배 생활을 하며 철저히 혼자가 된 다산이 어떻게 그의 삶을 다시 붙잡고 버티어 냈을까?' 하는 궁금증을 안고 책 첫 장을 펼쳤습니다. 다산은 세월에 길들어 딱딱하게 굳어진 자신의 마음을 느끼며 자신의 말년에 『소학』과 『심경』만은 남겨두고 읽었다고 합니다. 저자는 "다산이 공부의 마지막에서 『소학』을 꺼내든 까닭은 바로 '실천'으로 귀결되는 방식에 있다"라고 말합니다. 살아가면서 잊어왔던 처음의 가르침으로 돌아가 이를 일상에서 실천하는 것에 대한 중요성을 언급하고 있는 셈입니다. 기본으로 돌아가라는 『소학』의 핵심을 습관처럼 되뇌며 매일 저녁 죽고, 매일 새벽마다 부활하길 바랐던 다산의 마음을 다시금 되새겨봐야 한다고 힘주어 말합니다. 마치 책에서 제 멘토를 찾은 것처럼 마음 한쪽의 답답함이 해소되는 느낌이었습니다.

때마침 교사 연수로 구글 코리아 김태원 전무의 강의를 듣게 되었습니다. '생각을 바꾸고 변화하라.'라는 내용이었습니다. 강의가 한창 무르익을 때쯤, "여러분은 인생 작가, 다섯 명 정도는 있으신가요?"라고 질문을 했습니다. '인생 작가? 그것도 다섯 명이나?' 한 명도 쉽게 찾아지지 않았습니다. 도전해 보고 싶었습니다. 아직 인생을 다 살지도 않았고, 책도 많이 읽지 않아서 다섯 명을 꼽자니 무척이나 조심스러웠습니다. 생각을 바꿔보았습니다. 인생 작가가 아닌 내가 만난 올해의 인생 작가 다섯 명. 이렇게 범위를 좁혀두니 마음이 한결 가벼워졌습니다. 해마다 다섯 명의 인생 작가, 인생 멘토를 만나려고 노력하고 있습니다. 이제는 길을 잃어도 두렵지 않습니다. 책장 한 편, 잘 보이는 곳에 고이 모셔둔 제 인생 책을 꺼내 볼 수 있기 때문입니다. 좋아하고 또 존경하는 작가를 소환해 저의 고민과 고충을 나눌 수 있습니다. 책 속 멘토가 저를 보고 힘내라고 응원해 주는 것만 같습니다. 배후가 든든해졌다고 할까요? 이 느낌을 저희 반 아이들에게도 전하고 싶었습니다. 학생들과 다음과 같이 실천해 보았습니다.

① 매일 읽어야 한다. (아침 10분 독서의 힘)

하루도 빠짐없이 책을 읽어야 합니다. 책을 가까이하고 매일 읽다 보면 가랑비에 옷 젖듯이 서서히 서서히 독서의 맛을 알게 될 것입니다. 아이들도 마찬가지입니다. 책 읽는 환경을 만들어 주지 않으면 차일피일 시간이 없다 미루는 것이 책 읽기입니다. 제가 맡는 학급은 항상 아침 독서를 철저히 지도합니다. 시간 엄수는 말할 것도 없고 도서관처럼 침묵을 지키는 것 또한 원칙입니다. 아침 등교로 교실이 소란해지기 쉬운데 적어도 아침 독서 시간만큼은 분명히 해 두는 것이 이 독서 시간의 원칙입니다.

간혹 책을 미리 준비하지 못한 아이들을 위해서 학급 문고도 비치합니다. 기본적으로 책 한 권은 가방에 넣어 다닐 수 있도록 지도합니다. 미처 준비를 못 한 친구들은 국어책이라도 펴 놓고 읽게 합니다.

② 오늘의 한 문장을 찾아라. (독서 노트)

9시, 1교시 수업 종이 울리면 바로 독서 노트에 오늘의 한 문장을 기록합니다. 3학년 아이들도 또, 1~2학년 아이들도 할 수 있습니다. 문제는 꾸준함입니다. 독서 노트 기록 습관이 자리를 잡기 위해서는 학기 초 한동안 매일 검사하고 매일 칭찬하는 피드백이 중요합니다. 정성을 쏟으면 말하지 않아도 습관처럼 움직이는 아이들을 많이 보았습니다. 그 한 문장을 가지고 발표도 합니다. 내가 왜 그 문장을 뽑았는지, 그 문장은 나에게 어떤 의미인지요. 독서를 통한 이야기꽃이 피어납니다.

③ 이 책을 추천합니다. (1분 발표)

1년 동안 독서의 바다에 빠트릴 방법을 찾았습니다. 자연스럽게 독서에 초점을 맞추게 되었습니다. '이 책을 추천합니다' 활동은 1년간 계속 이어집니다. 출석번호 순서로 돌아가기 때문에 한 달에 한 번꼴로 내가 이번 달 읽은 책 중에서 좋았던 책을 발표하는 셈이 됩니다. 친구가 추천한 책에 대한 정보도 얻고 한 달 동안 내 독서에 대한 정리도 할 수 있었습니다. 아이들이 처음에는 친구들 앞에서 발표하는 것을 어색해했지만 오히려 자기 생각을 말할 이 기회를 즐기는 듯했습니다. 자신의 발표와 관련된 책뿐만이 아닌 다양한 자료들을 준비해 오는 아이들도 생겨났습니다. PPT를 제작하기도 하고, 실제 집에서 기르는 장수풍뎅이 등 생각지도 못한 자료를 들고 오는 성의를 보여주기도 했습니다.

④ 한 학기 인생 책, 인생 작가 다섯 명을 찾아라!

이 활동은 제가 실천해 보고 좋아서 아이들에게도 적용해 본 것입니다. 한 학기 독서 활동을 마무리하는 활동으로 적용해 보았습니다. 학기 초 자세히 안내합니다. '내가 뽑은 한 학기 인생 책, 인생 작가' 활동을 통해 주체적인 꼬마 독서가로 한 단계 올라설 수 있었습니다. 다른 친구들의 인생 책과 인생 작가 이야기도 다음 독서를 위한 좋은 정보가 되었습니다.

⑤ 독서 릴레이 (패들렛 활용 서평 쓰기)

학급 문고로 모아둔 책 중에서 아이들의 반응이 좋았던 책을 학생 수만큼 선별해 둡니다. 책 겉면에는 번호 스티커를 붙입니다. 책 안쪽에는 릴레이 독서 표(번호순으로 된 학생 명부)를 붙여 둡니다. 번호순서대로 책을 한 권씩 배부합니다. 일주일간 그 책을 읽고 다음 주에는 내 뒷번호 학생에게 넘깁니다. 매주 수요일을 책 교환의 날로 정했습니다. 월요일은 주말에 잊고 오는 아이들이 많아서 수요일로 바꾸었더니 훨씬 참여율이 높았습니다. AI의 도움도 받습니다. 패들렛(Padlet)이라는 협업 도구를 활용해 한 책에 대한 서로의 서평을 계속 누가 하여 기록할 수 있습니다. 같은 책을 읽은 아이들의 서로 다른 생각을 공유하고 생각을 나눕니다.

⑥ 한 학기 한 권 읽기 (온 책 읽기)

학급 아이들이 모두 같은 책을 긴 호흡으로 읽는 활동입니다. 한 학기에 걸쳐서 진행됩니다. 2015년 개정 교육과정에서 도입된 독서교육으로 하시모토 다케시 선생님의 슬로리딩에서 비롯된 활동입니다. 아이들과 진도에 쫓기지 않고 공부 시간에 책을 읽을 수 있어서 천천히 책 읽는 재미를 가르쳐줄 수 있었습니다.

사르트르가 말했습니다. "내가 세계를 알게 된 것은 책에 의해서였다." 독서를 통해 제가 접해보지 못한 세계를 만나는 것, 그것은 저에게 설렘이고 또 다른 삶의 활력을 불러일으키는 원동력이었습니다. 무엇보다 제가 가르치는 아이들에게 더 넓은 세계를 보여주고 싶었습니다. 어리지만 그들 삶에서 작은 속삭임을 건네는 인생 멘토를 책에서 만나기를 바랐습니다. 부모가 또 교사가 백날 떠들어대는 것은 효과가 없을 수도 있습니다. 그러나 아이 스스로 책 속에서 만난 한 문장, 한 구절이 좋은 스승이 되고 인생 멘토가 될 수 있습니다. 삶 속에서 스며드는 독서. 오늘도 아이들 삶 속에서 책 한 권이 녹아 스며들기를 바랍니다. 오늘도 아이들과 함께 책을 펼칩니다.

독서노트

온 책 읽기(긴긴밤 표지 꾸미기)

온 책 읽기(긴긴밤 표지만 보고 내용 추측해보기)

온 책 읽기(긴긴밤 필사)

독서 릴레이(패들렛 활용)

3.

함께하는 글쓰기를 하라

　새벽 기상을 시작하고 책 읽는 재미를 알아가게 되었습니다. 점점 글도 쓰고 싶어졌습니다. 평생 읽고 쓰는 삶을 살고 싶다는 생각까지 하게 되었습니다. '내가 글을 쓴다고? 내가?' 작가는 원래 태생부터 연필 한 자루씩 쥐고 태어나는 사람들이라 생각했습니다. 타고난 글쓰기 재능이 있는 사람만 글을 쓸 수 있다고 생각했으니까요. 저 같은 평범한 사람이 글을 쓰는 작가가 된다는 것은 상상도 할 수 없는 일이었습니다. 글을 쓰는 행위 그 자체가 저와는 아니 제 삶과는 무관한 일이라 여겼습니다.

　그런데 글쓰기 공부를 하면서 저와 별반 다르지 않은데, 책을 출간하는 분들을 보았습니다. 용기가 생겼습니다. 저도 도전해 보고 싶었습니다. 부러웠습니다. '얼마나 좋을까! 내 이름 석 자가 박힌 책이 나온다니.

내가 죽어도 내 책은 영원히 살아 숨 쉬겠구나.' 상상만 해도 가슴이 벅차올랐습니다. 당장이라도 시작해야 할 것만 같았습니다. 마음이 급해졌습니다. 일기를 시작으로 학급 일지 등 가볍게 쓸 수 있는 것을 써보기 시작했습니다. 어려웠습니다. 생각대로 글이 잘 써지지 않았습니다. 무엇보다 바쁜 일상에서 의식하지 않으면 글쓰기는 저 멀리 금세 달아나 버렸습니다. 어쩌다 한 번 쓰는 글은 더욱 어렵게 느껴졌습니다. '글쓰기는 아무나 하는 게 아니야. 뭔 바람이 불어서 글을 쓰겠다고 했을까?' 자포자기했습니다.

토요일 아침, 글쓰기 수업 시간이었습니다. 글쓰기 선생님이 말했습니다. "여러분, 내가 왜 글을 써야 하는가에 대해 고민한 적이 있나요? 왜 글을 써야 하는지에 관한 생각도 없이 글을 쓰는 사람이 많은데 무작정 글만 쓰려고 하지 말고 '내가 왜?'라는 질문을 수시로 던져야 합니다." 순간 제 이야기를 하는 것만 같아 움찔했습니다. '나는 왜 글을 쓰고 싶은가?' 저 자신에게 물었습니다. 감정의 해소? 응어리의 발산? 막 글쓰기를 시작했던 때의 일입니다. 동료 교사 중 저와 잘 맞지 않는 분이 있었습니다. 종종 그분과 이야기하다 보면 마음의 상처를 받는 일이 많았습니다. 그날은 마음의 상처가 곪아 터져버렸습니다. 다짜고짜 "뭐라고요?" 하고 싶었지만, 꾹 참고 집으로 돌아왔습니다. 제가 이렇게 화가 난 줄도 그 선생님은 모를 것입니다. 집에 오니 더 분한 생각이 들었습니다.

기분이 상했건만 말 한마디도 받아치지 못한 저 자신이 한심하기까지 했습니다. 그때였습니다. 그래, 글로 써보자. 연필을 잡고 다이어리를 펼쳤습니다. 우선 하고 싶었던 말을 한가득 썼습니다. 통쾌했습니다. 작은 다이어리였지만 하얗던 종이가 까맣게 될 정도로 가득 글로 쓰고 나니 속이 후련해졌습니다. '글쓰기가 이런 맛이 있구나.' 그 이후로도 화가 나거나 잘 풀리지 않아 마음이 속상할 때면 다이어리에 감정을 토해냈습니다. 나름의 위안을 얻었습니다. 여전히 제 안에 그 질문에 대한 답은 찾지 못하고 있었습니다. '나는 왜 글을 쓰려고 하는가?'

블로그를 개설하고 소심하게 몇 개의 글을 썼습니다. '설마, 누가 내 글을 읽을까?'라는 생각에 조마조마한 마음으로 공개 버튼을 눌렀습니다. 누군가 제 글을 읽고 있는 것이 느껴졌습니다. '좋아요' 버튼을 누르는 사람도 생겼습니다. 어느 날은 제가 쓴 학급 일지에 댓글을 달아주는 사람도 생겼습니다. 초등 3학년 아이들 수학 단원중 도형 영역 지도 방법에 대한 글을 썼습니다. 컴퍼스 구매 시 주의해야 할 몇 가지 정보도 남겼습니다. 그랬더니 컴퍼스 구매할 때 꼭 참고하겠다며 감사하다는 댓글이 달렸습니다. 이 사소한 작은 정보가 도움이 되었다니 기뻤습니다. '내 글이 누군가에게 도움이 될 수 있구나. 글에는 힘이 있구나. 글로 사람들을 도울 수 있구나.' 지난번 글쓰기 수업 중 '나만 품고 있으면 아픔이지만 글을 쓰는 순간 그 누군가에게 희망과 용기를 줄 수 있다.'라는 문구가 떠올랐습니다. 그동안 마땅한 답을 찾지 못한 채 제 안에 품고 있었던 그 질문에 대한 답을 찾은 듯했습니다.

'그래, 교사로 살아가면서 좌충우돌했던 내 이야기를 글로 써야겠구나. 또 아이들을 가르치면서 전하지 못했던 솔직한 내 마음을 학부모에게 전하는 글도 쓸 수 있겠구나.' 생각들로 머릿속이 가득 찼습니다. 마음을 다잡고 글쓰기에 돌입했습니다. 여전히 쉽지 않았습니다. 가장 큰 문제점은 절대적으로 부족한 독서량이었습니다.

『강안 독서』의 저자이고 제 글쓰기 선생님인 이은대 작가는 다음과 같이 말했습니다. 단순히 줄거리만 읽는 것은 1차원적 독서이고, 내용을 이해하는 것은 2차원적 독서이며, 내 삶의 철학을 세우는 것이 3차원적 독서라고요. 또 여기서 끝이 아니라 타인의 삶을 변화, 성장시킬 수 있도록 책을 쓰는 것이 궁극의 4차원 독서라 했습니다. 어찌 보면 독서를 강조한 말인 듯하지만 결국 독서와 글쓰기가 한 선상에 놓여 있다는 말인 셈입니다. 독서의 끝이 글쓰기라니요? 글쓰기를 잘하려면 독서를 먼저 하라는 말로도 들립니다.

독서와 글쓰기는 따로국밥이 아닌 비빔밥 같은 것이었습니다. 함께 잘 섞여야 제맛이 나는. 이 단순하지만, 엄청난 사실을 깨달은 이후부터 매일 독서와 매일 글쓰기를 실천하고 있습니다. 여전히 서툴고 부족하니다. 싫은 말을 하지 못해 속상한 마음을 한바닥 적어 놓았던 글부터 교사로서의 저의 삶을 돌아보는 글, 학생들과 동료 교사 이야기, 학교와 교육을 바라보는 제 생각 등 조금씩 글의 범위를 넓혀가고 있습니다. 작고 소소한 저의 경험담이 누군가에게 도움을 줄 수 있음을 알았기에 아니 글의 맛을 조금은 알았기에 글 쓰는 삶을 이어가고 싶습니다. 선한 영향력이라는 것이 바로 이런 것이 아닐까, 싶습니다. 뭐 거창하게 남을 도울 깜냥도 못 됩니다. 저 역시 매일 매일의 삶을 마주하며 일상을 살아가는 지극히 평범한 사람이기 때문입니다. 지금 제가 당장 실천할 수 있는 남을 위한 좋은 일 한 가지는 바로 제 경험을 담은 글을 쓰는 것, 글쓰기일 것 같습니다.

나카타나 아키히로는 "글쓰기는 내면을 들여다보고 다가올 미래를 그려볼 좋은 기회이다."라고 말했습니다. 교사의 글쓰기는 오늘의 나를 성찰하고 미래의 나를 그려볼 가장 좋은 도구는 아닐까요? 어쩌면 '글쓰기라는 가장 단순하고 평범한 방법이 가장 탁월한 비법이 될 수 있는 것은 아닌가.'라는 생각을 해 봅니다.

4.

동료 교사와 한발 한발 내디뎌라

우리는 누구나 성장을 꿈꿉니다. 교사도 성장을 꿈꿉니다. 교사에게 성장은 무엇일까요? 교사에게 성장은 '교실 밖으로 나오는 것'이라고 생각됩니다. 교사는 자기 교실에서 외딴섬처럼 살아가기 쉽습니다. 물론 내교실에서 자신의 철학이 녹아 있는 교사 교육과정, 학급 교육과정을 가지고 학생들과 함께하는 것은 매우 중요하고 의미 있습니다. 그러나 자칫내 교실에만 머문다면 혼자만의 착각, 자신만의 고성에 갇혀 버릴 수도있습니다. 나 자신도 내가 어디에 있는지 모르는 뿌연 안개 속 같은 상황에 놓일 수 있다는 것입니다. 사람이 변화하기 위해서는 안락함을 누리는컴포트존을 차고 나와야 한다고 합니다. 교사도 마찬가지입니다. 자신의교실 밖으로 나와야 합니다. 다른 교사도 만나고 교실 밖 학생들도 마주하다 보면 뜻하지 않는 새로움을 찾을 수도 있습니다. 어쩌면 내가 원하는 그동안 찾고 싶었지만 찾지 못했던 정답을 찾을 수도 있습니다.

　몇 해 전의 일입니다. 그해 새로운 학교로 이동했습니다. 첫 1년이라 무척이나 긴장되고 걱정되는 마음이었습니다. 다행히 뜻이 잘 통하는 동 학년 교사를 만났습니다. 1학년을 맡았기에 서로 협의하고 함께 해결할 일들이 많았습니다. 2월 말, 신학년 발표가 난 그 순간부터 함께했습니다. 입학식 준비를 시작으로 할 일을 목록에서 지워가며 이 일 저 일을 논의했습니다. 입학 적응 기간에 배울 내용과 그에 따른 학습지 준비, 교실 환경 등 해야 할 일이 많았지만, 힘든 줄도 모르고 동 학년 선생님들과 해냈습니다. 혼자 하는 것보다 훨씬 빠르고 쉽게 해결할 수 있었습니다. 새로운 학교였지만 수월하게 1년을 보낼 수 있었습니다. 그 해 1년은 옆 반, 동 학년 교사들과의 소통과 협업으로 더 좋은 방법을 찾을 수 있었고 힘든 줄도 모르고 지나갔습니다.

　지난 코로나19 사태를 겪으며 교사연대가 얼마나 중요한지 새삼 깨닫게 되었습니다. 2020년 사상 초유의 사태로 학교가 문을 닫았습니다. 온라인 학교가 가동되었습니다. 모든 것이 처음이고 누구도 겪어보지 못한 혼돈의 시간이었습니다. 당장 온라인 수업을 위한 수업자료를 만들어야 했고 새로운 교수법을 익혀야 했습니다. 모두가 신규교사가 되었습니다. 그동안 내 교실에서 철옹성 같은 담을 쌓고 살던 교사도 교실 밖으로 나왔습니다. 모두가 함께하는 광장에 모인 것입니다. 이 상황을 극복하기 위해서는 배워야 했습니다. 더 좋은 수업을 만들기 위해서 머리를 맞대야 했습니다. 동 학년 단위로 새로운 수업 도구를 익히기 위한 연수와 과목별 수업자료 제작을 함께했습니다. 코로나 시대 이전에도 수업 나눔, 공유, 협력에 대한 중요성을 알고 있었지만 코로나19 사태를 통해 공유와 협력의 중요성을 몸소 체득하게 된 셈입니다. 이후 교사들의 연대와 협력에 대한 자각과 성찰의 목소리는 커졌습니다.

바로 어려운 시기에 필요한 것이 교육계 내부의 공감과 소통, 협력이 아닐까 합니다. 교사들이 좋은 수업을 만들기 위해 공동으로 수업을 연구하고 수업을 성찰하고 나누는 것, 그것이 바로 함께하는 힘, 교사들의 연대라고 생각합니다. 최근 교사들끼리 서로 정보를 주고받고 자료를 공유하는 일은 다반사가 되었습니다. 꼭 같은 학교의 같은 학년, 옆 교실이 아니어도 온라인상에서 활발하게 서로의 생각과 자료를 공유합니다. 수업에 대한 것뿐만이 아닌 교직 생활 전반에 걸쳐 연대 의식을 통해 서로 함께하기도 합니다. 바로 이러한 교사들의 배움 공동체를 다른 말로 교원 학습공동체라 합니다. 교사들의 집단지성을 전제로 스스로 서로 나누고 서로 배우는 커뮤니티인 셈입니다. 그 안에서 그동안 제가 보지 못했던 세상을 다른 교사들을 통해 보고 배웁니다. 교사공동체 활동은 공동 수업 연구에서 그치지 않고 교육 전반에 걸친 다양한 논의까지 이어지고 있습니다. 가르치는 것을 넘어서 교사라는 역할에 대해서도 같이 고민합니다. 코로나 이후 다시 찾아올지도 모를 또 다른 위기와 변화 상황에도 흔들리지 않고 나아갈 방향에 대해 같이 연구하고 대책을 세우고자 노력합니다.

한 학교에 근무해도 동 학년이 아니면 서로의 얼굴을 모르는 것이 당연해지고 있습니다. 2000년 첫 발령을 받고 교단에 섰을 때와 지금을 비교해 보면 엄청난 변화가 있었습니다. 학교 문화가 달라진 것입니다. 이제는 함께라는 연대 의식보다는 '나'라는 개인의 영역이 더 커지고 견고해졌습니다. 내 교실 문 닫고 들어가 버리면 끝인 경우가 많아졌습니다. 옆에 동료가 어떤 어려움이 있는지, 그 반 아이들에게는 어떤 문제가 있는지 살필 겨를이 없습니다. 그러다 보니 교사들은 점점 외롭습니다. 거대한 학교라는 집합체에 혼자 외따로 떨궈진 느낌이랄까요? 그럴 때일수록 먼저 옆 동료 교사의 손을 잡아보는 것은 어떨까요? 교사 성장은 결국 내가 먼저 실천하는 것이라는 생각을 해 봅니다. 머리에 담는 것으로 끝나는 것이 아니라 내가 배운 것을 삶에 적용해 보고 삶이 곧 배움이 될 때 교사도 성장할 수 있습니다. 그동안 제가 교사로서 배운 것들, 대학에서 또 대학원에서 제가 쌓은 것들을 배운 것으로 그치지 않고 쏟아 내고 다시 제 삶에 적용하고 다른 사람들에게 전하고 싶습니다. 곧 이러한 배움과 나눔이 '교사 성장'을 위한 첫걸음이 아닐까요?

교사들은 늘 성장에 대한 갈증이 있습니다. 성장과 배움에 대한 갈증을 채우느라 동분서주합니다. 무언가 특별하고 새로운 그 무엇인가를 찾아다니게 됩니다. 그런데 그 성장과 배움은 내 일상에서 내 평범함 속에서 시작될 수도 있습니다. '나는 지금 누구와 함께하고 있나요?' 그 동료 교사가 바로 '나'일 수도 있습니다.

'나'라는 화두를 가지고 '나'를 돌아봄, 즉 나는 누구인가?, 나의 사명은 무엇인가? 에 대한 질문을 던지는 것이 첫 번째이고, 그러한 물음에 대한 답을 찾기 위해 끊임없이 자신을 들여다보아야 할 것입니다. 이제는 교실 문을 열고 동료들을 마주하고 더 나아가 학교 밖으로 나오는 것입니다. 세상 속에 있는 다른 교실과 다른 교사와의 만남을 통해 병아리가 껍데기를 깨고 나오듯 나를 둘러싼 껍데기를 깨고 세상 밖으로 나오는 것은 또 다른 세계를 만나는 경험이 될 수 있습니다. 교사는 실천을 통해 성장할 수 있습니다. 먼저 실천하는 사람으로 배움을 삶에 적용함으로써 더 나아갈 수 있습니다. 바로 이 나아감이 교사 성장인 것 같습니다.

"나는 당신이 할 수 없는 일들을 할 수 있고, 당신은 내가 할 수 없는 일들을 할 수 있다. 하지만 함께라면 우리는 멋진 일들을 할 수 있다."라고 마더 테레사는 말했습니다. 교실을 책임지는 담임교사의 힘은 약할 수 있지만, 연대를 통한 함께라는 힘은 실로 엄청납니다. 동료 교사와의 연대를 통해 함께 한발씩 나아간다면 그 무엇이 두려울까요? 함께 나아가는 그 속에서 교육을 논하고 행복을 논하며 함께 웃고 싶습니다.

5.

부모교육도 함께하라

학급의 구성원은 누구일까요? 단연코 학생과 교사일 것입니다. 또한 결코 빼놓고 생각할 수 없는 존재, 학부모도 있습니다. 학부모는 교사와 함께 학생들을 교육하고 올바른 길로 이끄는 또 한 명의 교사입니다. 담임교사와 학부모는 학교와 가정이라는 차이는 있지만, 학생들을 가장 우선으로 놓고 그들의 성장을 그 누구보다 간절히 바랍니다. 결국 담임교사와 학부모는 서로 닮아 있습니다. 학교에서 가르치는 사람이 담임교사라면 가정에서의 교사는 학부모이기 때문입니다. 아이의 학교생활은 어디서 툭 하고 떨어지는 것이 아니라 가정에서의 연장선입니다. 집에서 잘하는 아이들은 학교에서도 잘합니다. 역으로 학교에서 잘하는 아이들은 집에서도 잘할 것입니다. 가정과 학교는 긴밀한 상호 유대관계를 가진 셈이지요. 학부모의 관심과 지지가 없이는 학급경영이 힘들어질 수도 있습니다.

해마나 제가 가르치는 아이들에게 감사를 가르치고 있습니다. 아이들의 감사 일기를 넘어 부모도 함께합니다. 바로 〈가족 감사 일기 쓰기〉입니다. 학교에서 아이들이 쓰면, 그다음은 부모가 감사 일기를 기록합니다. 이렇게 서로 주거니 받거니 하는 활동을 통해 학교에서 실천하는 감사가 가정에도 전달이 됩니다. 학교와 가정이 보이지 않는 끈으로 연결되는 것입니다. 이 작은 활동만 보아도 학급경영은 결코 담임교사 혼자의 몫이 아닙니다.

학기 초 학부모 총회와 상담을 통해 저의 교육철학을 알립니다. 또 학급 SNS 및 가정통신문을 통해 학급에서 일어나고 있는 일, 이번 주 주요 활동 등을 공유하고 나눕니다. 자연스럽게 교실에서 제가 강조하는 것들이 가정에서도 이어집니다. 담임교사와 학부모 사이에 다리가 놓이면 아이들은 그 다리를 이용해 자유자재로 오갈 수 있습니다. 학급경영의 효과를 배로 높이기 위해서는 학부모와 함께하는 것도 좋은 방법이 될 수 있습니다.

버츄 프로젝트를 운영할 때였습니다. 미덕 프로그램이라고도 하는 이 활동은 아이들의 내면에 숨겨진 보석을 찾아내는 활동입니다. 보석을 다른 말로 하면 미덕입니다. 학생들을 지도할 때 잘못을 인식하게 하되 수치심을 유발하지 않으면서 그들 내면에 잠재된 미덕을 스스로 찾아내도록 돕는 프로그램입니다. 이때 교사뿐만이 아니라 학부모의 역할이 매우 중요합니다. 실수나 잘못에 대한 비난과 핀잔은 오히려 아이들의 동기를 꺾어 놓습니다. 부정적인 것들이 내면에 계속 쌓일 경우, 자기 자신을 사랑하지 못하고 위축되고 자신감 없는 아이로 성장할 수 있습니다.

3월 초 미덕 프로젝트를 아이들에게 안내하고 매 순간 아이들의 마음을 읽고자 노력했습니다. 이미 아이들 마음속에 보석같이 빛나는 예쁜 마음, 선한 의도가 있다는 믿음으로 아이들을 대했습니다. 몇몇 아이들은 변화하기 시작했습니다. "너희들의 잘못이 아니야. 이미 너는 54개의 미덕을 가지고 있어. 잠자고 있는 너의 미덕을 깨워보자." 버츄 프로젝트의 핵심은 자존감을 지키며 자기 잘못을 스스로 깨우치는 것에 있었습니다. 일단 감화가 빠른 아이들은 변화하기 시작했습니다. 문제는 어떤 방법을 써도 잘되지 않는 아이들입니다. 좀 더 심혈을 기울여 1:1 상담도 하고 쉬는 시간에 따로 불러 수시로 내면의 보석, 미덕에 관한 이야기를 들려주었습니다. 처음에는 제법 잘되는가 싶었습니다. 그런데 말짱 도루묵인 날들이 반복되었습니다. '무엇이 문제일까?' 혼자 고민했습니다.

그러던 어느 날 아침이었습니다. 힘든 아이 중 하나였던 윤후가 등교했습니다. 얼굴을 보아하니 아침부터 울상입니다. 아침 인사를 하며 아이의 두 손을 잡고 말했습니다.

"윤후야, 오늘도 윤후 안에 있는 잠자는 보석을 깨우는 것 잊지 마. 너는 그 누구보다 빛나고 반짝이는 존재야. 선생님은 윤후를 믿어."

그러자 대뜸 아이가 말합니다.

"선생님, 그런데 우리 엄마는 아니에요. 우리 엄마는 아침부터 저에게 잔소리만 하세요. 이제는 정말 듣기도 싫어요."

생각지도 못한 아이의 말에 깜짝 놀랐습니다. 점심시간을 이용해 윤후와 상담을 했습니다. 워킹맘인 윤후 어머니는 윤후 말고도 챙겨야 할 아이가 둘이나 더 있었습니다. 아이가 셋인 윤후네 집은 아침마다 전쟁을 치르는 듯했습니다. 바쁜 출근길에 엄마 혼자 이것저것 챙기려니 아마도 불쑥불쑥 아이를 혼내거나 짜증 섞인 말들이 오가는 듯했습니다. 아이의 이야기를 들으며 생각했습니다. '아, 버츄 프로젝트를 나만 교실에서 할 것이 아니라 가정에서도 어머님들이 같이해야겠구나. 그래야 교실과 가정이 한목소리로 같은 방향을 바라볼 수 있겠구나!'

문제는 '어떻게 이 프로젝트를 가정에서도 실천할 수 있게 하느냐.'였습니다. 우선 가장 쉬운 방법으로 학급 SNS에 버츄 프로젝트를 안내하였습니다. 버츄 프로젝트가 학급에서 실시하는 가치교육으로 아이들의 자존감을 지키고 스스로 문제점을 찾아 고쳐나가는 인성 프로그램이라는 내용을 담아 글을 올렸습니다. 가정에서도 아이들의 숨겨진 미덕을 찾는 활동이 계속될 수 있도록 함께 해주십사 부탁했습니다. 이후 몇 번의 글을 더 올려두었습니다. 그러나 읽는 분들도 있었지만 더러는 읽지 않는 분도 있었고 들쑥날쑥하였습니다. 별반 크게 달라지지 않았습니다.

용기를 내었습니다. 방학을 2주 앞둔 주말을 이용해 온라인으로 학부모 특강을 실시했습니다. 몇 분이나 오실까 했지만, 상당수의 어머님이 함께해 주셨습니다. 이날 온라인상이지만 가볍게 인사도 나누고 버츄 프로젝트에 대한 기초적인 이론과 활동법에 대해 강의했습니다. 이제 곧 방학이 시작되면 담임교사와 부모의 역할이 바뀝니다. 학교가 잠시 쉬는 동안 가정학교가 열리는 셈이지요. 이제 부모는 본격적으로 교사 역할을 해야 할 것입니다. 1학기 동안 제가 열과 성을 다한 이 프로젝트가 방학 동안에 다시금 원점으로 돌아가지 않기 위해서도 꼭 학부모 연수를 해야 했습니다. 결과는 생각보다 훌륭했습니다. 어머님들의 반응이 뜨거웠습니다. 방학을 앞두고 아이와 실랑이할 생각에 머리가 지끈거린다는 재혁이 어머님, 방학 동안 아이의 생활 습관 지도가 막연하게 느껴졌는데 큰 도움이 되었다는 지현이 어머님 등 대다수 학부모님이 입을 모아 칭찬해 주셨습니다. 용기를 내길 잘했다 싶었습니다.

첫 발령을 받고 처음 교단에 섰을 때, 한 선배가 저에게 신신당부하듯 여러 번 강조하며 말했습니다. "항상 학부모를 조심해야 한다." 가깝고도 먼 당신, 바로 그런 존재가 학부모인데 너무 가깝게 해서도 안 되고 또 너무 멀리해서도 안 된다고 했습니다. 초임 시절 이도 저도 잘 안 되는 저는 학부모를 무조건 멀리하는 쪽을 택했습니다. 학급경영은 제힘으로 해낸다는 생각이 전부였습니다. 구차하게 학부모의 도움을 받고 싶지도 않았고 그럴 필요도 없다고 생각했습니다. 그런데 저 역시 학부모가 되면서 소통하는 담임교사가 더 반가웠습니다. 학급 플랫폼에 단 몇 개의 사진이라도 올려주고 학급에서의 일을 공유해 주는 선생님이 좋았습니다. 높은 담벼락을 치고 거리를 두는 선생님보다는 자연스럽게 인사도 나누고 또 아이의 학교생활에 관해 물을 수 있는 편안한 선생님이 따뜻하게 느껴졌습니다.

"백지장도 맞들면 낫다."라는 속담이 있습니다. 지극히 상투적이지만 교사와 학부모가 함께한다면 백지장뿐만 아니라 그보다 더 큰 일도 해낼 수 있을 것만 같습니다. 교사와 학부모가 학생들을 위해 함께 한다면 그 어떤 팀워크 못지않은 효과를 낼 수 있지 않을까요? 최근 내 아이만을 생각하는 학부모, 지나친 학교 교육에 관한 관심으로 인해 끊이지 않는 민원 등 오히려 교사와 학부모가 극에 치닫는 일들이 많아지고 있습니다. 이러한 현실을 무시할 수는 없지만 그래도 진심을 통한다는 말을 믿고 싶습니다. 어쩜 내 아이에 대해 툭 터놓고 이야기할 수 있고 도움을 청할 수 있는 존재가 바로 우리 아이의 선생님이 아닐까요? 교사는 또 어떠한가요. 교사의 진심이 통해서 아이의 부모가 함께한다면 그것만큼 큰 교육적 효과를 기대할 방법이 어디 있을까요? 비록 현실은 녹록지 않지만, 이대로 포기할 수는 없습니다. 교사, 학부모가 함께하는 더 나은 방법의 모색이 필요합니다. 그 열쇠는 학부모가 아닌 담임교사에게 있는 것은 아닐까요? 어렵고 힘든 상황이지만, 교사가 먼저 학부모가 함께할 기회를 마련하고 소통의 장으로 학부모를 초대해 보는 것은 어떨지요?

6.

강점을 활용하라

자기 계발을 시작하면서 저에 대한 궁금증을 하나씩 하나씩 풀어갔습니다. 학급경영에 대한 시작은 바로 교사 자기 경영에서부터 시작된다는 깨달음을 얻은 이후로는 더욱더 저에 대해 알고 싶고 또 알아야 했습니다. '나란 사람은 어떤 사람인가?' 이 어려운 질문에 그 누구도 자유롭지 못합니다. 저 역시 제가 어떤 사람인지, 제 안에 어떠한 또 다른 제가 있는지 생각해 보지 않았습니다. 교단에 선 이후 하루하루가 살기 바빴고 결혼하고 아이를 낳은 후부터는 '나'란 존재보다는 내 주변 사람들 챙기기에 더 바빴습니다. 학교와 집을 오가며 쫓기듯 살았습니다. 제 안의 저를 마주할 시간도 없었을 뿐더러 제가 어떤 사람인지에 대해 그렇게 궁금하지도 않았습니다.

학급경영의 중요성을 인식하고부터 좀 더 나은 교실 환경과 좋은 수업을 위해 고민하게 되었습니다. 또 제 안의 저에 대한 궁금증도 조금씩 조금씩 자라나기 시작했습니다. 우연한 기회에 내 안의 강점을 찾는 프로그램에 신청서를 냈습니다. 자기 자신에 대해 좀 더 알고 싶은 사람들이 모여 있었습니다. 수업에 참여하기 전 50여 문항을 통해 제 강점을 미리 파악하는 설문조사에 응했습니다. 궁금했습니다. '나는 어떤 사람일까? 또 나의 장점은 어떤 것이 있을까?' 검사 결과는 흥미로웠습니다. 34개의 특성 중 가장 높은 특성 5개가 선별되었습니다. 저는 공감, 화합, 배움, 집중, 공정성과 같은 5가지 강점이 주를 이루었습니다. 강점이 무엇인지 찾았고 그 강점 하나하나에 따른 저의 행동 성향과 연결 지어 저를 이해하는 작업이 시작되었습니다. 강점 찾기 프로그램은 어떠한 강점이 우수하고 좋은 것인가에 초점을 두기보다는 자신의 강점과 행동을 이해하는 사람이 가장 유능한 사람이라는 것이 핵심이었습니다. 결국, 자기 자신을 정확히 직시한 사람들은 자신의 일상생활, 경력, 가족의 필요를 월등히 충족시킬 전략을 가장 잘 개발하는 사람이기도 했습니다.

이 프로그램에 참여하면서 그동안 제가 저의 강점에 집중하기보다는 저의 약점을 찾고, 그 약점을 보완하는 것에 치중하며 살았다는 것을 새롭게 인식하게 되었습니다. 제가 무엇을 잘하는지 또 제가 어느 부분에 특화되어 있는가에 대해서는 별 관심이 없었다는 것도 알게 되었습니다. 이러한 이유로 내 안의 강점을 찾는다는 것, 그 자체가 무척이나 생소했습니다. 또 저뿐만이 아닌, 저를 둘러싼 사람들, 제가 만나는 사람들에 대해서도 그들의 강점을 찾기보다는 부족한 점, 단점을 바라보고 있었다는 것도 새삼 깨닫게 되었습니다. 특히 가족, 자녀에 있어서는 독보적으로 취약한 부분을 메꾸어야 한다는 생각에 가득 차 있었음을 알게 되었습니다. 심지어 잘하는 것은 그냥 당연한 것으로 여겼습니다. 그것을 칭찬하고 키워주어야 한다는 생각조차 하지 못했습니다. 부족한 부분을 빨리 찾아내 그 부분을 채워서 더 잘하게 하겠다는 야심 찬 계획만이 가득했던 것입니다.

학교에서도 별반 다르지 않았습니다. 아이들을 칭찬하고 격려하려고 많이 노력했지만, 부족한 부분을 지적하고 그 부분에 대해 아이에게도 학부모에게도 인식시키기 위해 노력했습니다. 이러한 사고방식은 저뿐만이 아닌 학부모도 마찬가지였습니다. 학기 초 상담 때가 되면 학부모가 가장 궁금해하는 것은 우리 아이가 무엇을 잘하는지보다 무엇이 부족한지에 대해 더욱 관심이 많았습니다. 그 부분을 빨리 찾고 싶어 하는 것을 느낄 수 있었습니다. 담임교사로서 저 역시 3월 초, 한 달 동안 아이의 부족한 점을 찾기에 혈안이 되어 그 부분을 기록하거나 가정에 알림으로써 제 역할을 제대로 했다고 생각하곤 했습니다.

강점 교육은 이러한 오래된 제 생각을 뒤집는 계기가 되었습니다. 인간은 모든 것을 잘할 수 없습니다. 각자 사람마다 강점도 있고 분명히 약점도 있습니다. 그래서 우리는 서로의 다양성을 존중하고 편협한 생각에 빠지지 않도록 늘 주의하는 것인지도 모릅니다. 재미있었던 또 한 가지 사실은 저의 강점이 바로 저의 약점이 될 수도 있다는 사실이었습니다. 프로그램의 중반부에 치달을 때쯤 저의 약점에 대해 분석하는 시간이 있었습니다. 저는 나름 큰 기대를 하고 이 수업에 임했습니다. 강점도 알았으니 당연히 약점을 알고 싶은 것은 당연했으니까요. 그런데 의외의 답을 얻게 되었습니다. 강점이 지나치게 작동했을 경우, 그게 바로 저의 약점이 된다는 것이었습니다. 생각해 보니 맞는 말이었습니다. 저의 가장 큰 강점인 '공감'을 들어 생각해 보면 쉽게 이해할 수 있었습니다. 다른 사람의 마음을 잘 읽어주는 것이 저의 장점이었지만, 다른 사람의 감정을 마치 자신의 감정처럼 느낄 수 있기에 굳이 읽지 않아도 되는 그 사람의 부정적 감정까지도 너무 잘 읽혀서 그것이 문제가 된 경우가 많았습니다. 세심하게 남의 감정을 읽다 보니 제 마음의 평화를 빼앗겨 힘들어했던 때가 있었습니다. 상대방의 아픔을 잘 공감하고 또 읽어내다 보니 어떤 사람이 나에 대해 갖는 부정적인 감정도 그 사람의 행동 하나, 말 한마디 속에서도 너무 쉽게 알아차릴 수 있게 되어 스스로 위축되거나 지나치게 생각이 많아지는 경우가 종종 있었기 때문입니다. 결국 강점도 지나치면 약점으로 바뀔 수 있다는 것입니다. 강점에 초점을 맞추되 균형을 잃지 않아야 한다는 큰 깨달음을 얻었습니다.

여기 나무를 잘 타는 원숭이가 있습니다. 헤엄을 못 친다며 핀잔을 줍니다. 또 그 부족한 부분을 채우겠다고 수영 교육하는 장면을 상상해 보세요. 얼마나 얼토당토않은 상황인가요. 현실은 그렇습니다. 학교에서도 집에서도 나무 잘 타는 원숭이가 더 나무를 잘 탈 수 있도록 지원해 주고 도와준다면 그 원숭이는 어떨까요? 날개를 단 듯 자유자재로 이 나무 저 나무를 옮겨가며 제 타고난 본성대로 행복한 삶을 살아가지 않을까요? 반대로 나무 타기가 본성인데 수영 못 한다고 매일 혼나고 수영을 더 잘해야 한다면 어떨까요? 물이라면 끔찍한 원숭이를 매일 물로 밀어 넣는다면요? 하루하루가 괴로울 것입니다. 결국 그 끝은 보지 않아도 뻔합니다.

강점 교육을 통해 저에 대해 알아가는 재미도 있었지만, 교사로서 또 부모로서 다시금 어떤 방향으로 아이들을 교육해야 할지 분명해졌습니다. 소크라테스가 말했습니다. "너 자신을 알라." 이는 "너 자신의 무지함을 깨달아라."라는 말로 이해할 수 있습니다. 무지의 지. 지혜 없음의 지혜. 이것을 아는 사람은 자신의 부족함을 알기에 더욱 공부하고 노력할 것입니다. 자신의 무지를 자각하는 것, 그것이야말로 지혜를 얻기 위한 첫 거름이 될 수 있을 테니 말입니다.

그러나 이 말의 다른 이면에는 전혀 다른 뜻이 숨겨져 있는 것 같습니다. 단지 자신의 무지를 깨달으라는 말만을 뜻한다기보다는 너 안에 있는 그 가능성을 보라. 다시 말하면 "너의 강점을 알아라."라는 말로 들리기도 합니다. 내 안의 무지함도 있지만, 그 무지함을 깨달을 수 있는 지혜, 나만의 강점도 있다는 사실. 그 모두를 두고 한 말로 이해할 수 있지 않을까요? 결국, 멈추지 말고 너 자신을 알아가는 것, 진리를 추구하는 것을 계속하라는 말일 것입니다. 우리는 누구나 잠재력과 가능성을 갖고 있습니다. 자신의 부족함을 아는 것과 또 내 안의 강점을 아는 것, 모두 삶을 살아가는 힘이 될 것입니다. 이것이 바로 소크라테스가 우리에게 던지는 한마디가 아닐까 합니다.

7.

읽고 쓰는 학급이 되라

읽고 쓰는 삶을 사는 교사로 살겠노라고 스스로 선언하였습니다. 학급 경영도 당연히 읽고 쓰는 활동에 관심이 갔습니다. 아침 10분 독서로 우리 반 활동이 시작됩니다. '오늘의 문장 쓰기', '작가 노트' 모두 읽고 쓰는 활동입니다. '오늘의 문장'은 아침 10분 독서 시간에 찾은 의미 있는 문장 하나를 적어 보는 활동입니다. 아이들의 문장 노트에 문장이 수북이 쌓일 때쯤이면 아이들은 지금보다 훨씬 성장해 있으리라 기대해 봅니다. 작가 노트는 명언을 통한 희망의 메시지를 담는 노트입니다. 학기 초 아이들에게 각자 3개의 명언을 찾고 쪽지에 적어 오는 과제를 냈습니다. 그 쪽지를 잘 접어 통에 담아 창의적 체험활동 시간이나 자투리 시간에 학생들이 돌아가면서 하나씩 뽑습니다. 뽑은 문장을 작가 노트에 쓰고 그 명언에 대한 자기 생각을 씁니다. 아이들은 명언 한 구절 속에서 삶의 소중한 가치와 희망을 찾는 연습을 하고 있습니다. 더 나아가 그 글을 읽는 누군가가 더 힘을 내기를 바라는 마음으로 글을 씁니다.

지난 5월 5일에는 어린이날을 기념하는 책 출간 활동을 했습니다. 5·18 기념 재단에서 운영하는 책 만들기 이벤트에 참여한 것입니다. 5·18 정신을 계승하고 기념하는 활동이기도 했습니다. 저희 반은 '희망'이라는 가치를 골랐습니다. 제가 가장 중요하게 생각하는 학급경영의 궁극적 목표 중 하나가 바로 '희망'입니다. 아이들이 학교에서 더 배우고 싶다는 생각이 들게 하는 것, 배움이 삶과 동떨어지지 않고 이어지기를 바라는 것, 그 모두가 희망입니다. 오늘의 배움이 고스란히 아이들의 꿈과 연결되어 자신만의 꿈을 꾸고 그 꿈을 향해 공부하고 싶은 마음이 스스로 들게 하는 그런 교실, 그것이 바로 제가 생각하는 학급경영의 궁극적 목표입니다. 희망이 있는 교실이 되고 희망이 있는 아이들로 성장했으면 좋겠습니다. 아이들에게 각자가 생각하는 '희망'에 관해 물었습니다. 물음에 대한 답을 자신만의 글과 그림으로 풀어내었습니다. 학생들 한 명한 명이 만들어 낸 작품을 모아 한 권의 책으로 만들었습니다. 출간의 기쁨을 맛보았습니다. 교실에서 작은 출간기념 행사를 하기도 했습니다. 아이들은 자신들의 손으로 책 한 권이 만들어졌다는 사실에 흥분했습니다. 기뻐했습니다.

내 생각이, 내 글이 한 권의 책이 될 수 있다는 것을 경험한 아이들은 그 이후로 많은 변화를 보여주었습니다. 한 주에 한 편 쓰는 저널 쓰기에 정성을 다하는 아이들이 늘어났습니다. 아이들의 글을 읽노라면 마치 다람쥐가 겨우내 양식으로 모아둔 도토리를 하나씩 하나씩 까먹는 느낌입니다. 서툴지만 자신만의 생각을 글로 표현하는 과정이 고스란히 느껴집니다. 신통하고 기특할 뿐입니다.

　2015 개정 교육과정을 통해 한 학기 한 권 읽기라는 독서교육이 교육과정 안으로 들어왔습니다. 하시모토 다케시 선생님의 슬로리딩이 우리나라 독서교육에도 영향을 미친 것입니다. 긴 호흡으로 국어 시간을 활용해 책을 읽을 수 있다니 이보다 더 좋을 순 없습니다. 1학기에는 독서 습관을 갖추는 것이 중요합니다. 학급 도서 30권 정도를 선정하고 한 주에 한 권씩 읽고 그 책을 나의 뒷번호 친구에게 전달하는 릴레이 독서를 했습니다. 이 독서 프로그램을 완주하면 한 학기에 약 30권의 책을 읽는 셈입니다. 모두가 한 번은 읽어본 책이니 읽은 책에 관한 생각과 느낌을 공유하는 것은 재미난 활동이 되었습니다. 어린이들은 다 제각각 자신의 이야기가 있습니다. 같은 책을 읽었어도 어린이 각자의 경험과 해석이 다르기에 한 권의 책은 아이들의 수만큼 30개의 작품으로 다시 태어나는 셈입니다. 1학기에는 한 주에 한 권 릴레이 독서를 통해 책을 꾸준히 읽을 수 있도록 동기부여를 했습니다. 그 안에서 다양한 친구의 이야기를

통해 함께 있는 독서의 재미를 알아가게 되었습니다.

2학기에 들어서는 같은 책 30권을 준비했습니다. 본격적인 한 학기 한 권 읽기를 시작한 것입니다. 책 표지를 통해 이 책을 처음 접하는 느낌을 공유하는 것부터 시작했습니다. 분량을 나눠 국어 시간 일정 시간은 책을 돌아가면서 낭독하기도 했습니다. 집에서 읽어 올 수 있도록 학급 SNS에 과제를 부여하기도 했지만, 공부 시간에 다 같이 소리 내어 읽기도 했습니다. 시간을 내어 같이 낭독할 때 아이들은 더 재미있어했습니다. 한 문단을 같이 읽기도 하고, 교사가 한 문장, 아이들이 한 문장, 이렇게 주거니 받기도 합니다. 또 순번을 정해 모두 돌아가며 한 문장씩 읽는 방법도 있습니다. 낭독을 통해 소리 내어 읽는 즐거움을 맛볼 수 있었습니다. 어느 정도 책 읽기가 무르익으면 그 책과 관련된 주제로 예술 활동을 함께 합니다.

『긴긴밤』이라는 책을 선정해서 읽었을 때입니다. '어떤 예체능 활동을 접목할 수 있을까?' 고민했습니다. 그때 떠올랐던 생각은 오일 파스텔로 나만의 긴긴밤을 표현해 보는 활동이었습니다. 아이들의 작품이 생각보다 훌륭했습니다. 또 관련된 주제와 융합 수업을 하기도 했습니다. 동물 보호와 관련된 생명 존중 교육과 환경교육이 바로 그것입니다. 코뿔소 밀렵 현장에 대한 고발 영상을 보며 책 읽기와 삶이 하나로 연결되어 있음을 더욱 생생하게 체험할 수 있었습니다. 내가 좋아하는 문장을 필사

하며 한 문장 한 문장 곱씹어 보는 맛을 느끼기도 했습니다. 의외로 필사 활동을 좋아했습니다. 내가 좋았다고 생각했던 문장에 대해 발표하고 그 문장을 써보는 활동을 통해 책을 더욱 가깝게 느끼는 것 같았습니다.

조동일 교수는 "이제는 글 읽기 교육에서 글쓰기 교육으로 방향을 바꾸어야 한다."라고 말했습니다. 그는 서울대학교 명예교수이자 국문학자입니다. 그가 말하는 교육의 방향은 읽는 것을 넘어서 스스로 글을 쓸 수 있도록 가르치라는 것이겠지요. 결국 책을 읽는 것도 글을 쓰기 위한 하나의 기초 활동이 되기 때문입니다. 내 생각을 글로 쓸 수 있다는 것, 그것은 내 생각을 정리할 수 있다는 것입니다. 어린이도 자신만의 생각이 있습니다. 읽고 쓰는 법을 가르치고 이를 꾸준히 이어갈 수 있도록 동기부여를 한다면 어린이도 작가가 될 수 있습니다.

빌 게이츠는 이런 말을 했습니다. "어렸을 때 꿈이 많았고, 책을 많이 읽을 기회가 있었기 때문에 꿈이 많이 생긴 것 같아요." 그는 책을 통해 꿈을 꾸고 또 책을 많이 읽을 기회를 가진 행운아였던 모양입니다. 아이들의 가정환경은 저마다 다릅니다. 어떤 부모를 만나고 어떤 가정환경을 가졌느냐에 따라 아이들의 독서 경험은 달라질 수 있습니다. 그러나 교실에서만큼은 모두가 똑같은 기회를 부여받습니다. 단 어떤 교사를 만나느냐에 달려 있겠지요.

아이들에게는 기회를 주어야 합니다. '과연 할 수 있을까?'라는 생각에 기회의 문조차 열어주지 않는다면 아이들이 성장할 기회를 뺏는 것은 아닐까요? 책을 읽을 수 있는 환경을 조성해 주고 독서의 중요성을 알게 하고 스스로 책 읽는 재미를 알아갈 수 있도록 교실 내 시스템을 구축할 수 있습니다. 오늘 읽은 문장 하나 적는 것부터 쓰기 활동을 시작할 수 있습니다. 아이들 글 하나하나를 모아 학급 문집이나 책을 만들어보는 활동도 있습니다. 읽고 쓰는 습관이 평생토록 나를 단단하게 만들고 성장할 수 있도록 도와줄 것입니다. 교사도 학생도 함께하는 독서, 함께하는 글쓰기의 재미를 학급경영 속에 녹여내 보는 것은 어떨까요? 읽고 쓰는 삶은 분명 교사도 아이들도 성장하게 할 것입니다.

5 · 18 기념 책 출간(주제 가치: 희망)

8.

나 브랜딩으로 꿈꾸게 하라

잘파(Z+alpha)세대란, 1990년대 중후반에서 2010년대 초반에 출생한 세대를 의미하는 제트(z)세대와 2010년대 초반부터 2020년대 중반에 출생한 세대를 의미하는 알파(a) 세대의 합성어(Z+alpha)입니다. 한마디로 1990년대 중반부터 2020년대 중반에 출생한 세대를 지칭하는 말입니다. 이 아이들은 어려서부터 첨단 기술을 경험하며 자라나는 세대이기도 합니다. 스마트폰, 인터넷 등 디지털 기술과 함께 자라서 디지털 기술 사용에 있어서 익숙하고 자연스럽게 사용합니다. 인공지능이나 메타버스 등과 같은 기술을 습득하는데 거리낌이 없습니다. 인스타그램, 트위터, 메타 등 잘파세대는 소셜 미디어를 많이 사용하고 SNS를 통해서 생각과 경험을 다른 사람과 공유하고 소통하는 것을 좋아합니다. 다양한 문화를 잘 받아들이고 이에 따라 다양성을 반영하는 브랜드와 제품에 관한 관심도 높습니다. 잘파세대는 앞으로 한국의 미래를 변화시키며 주도해 나갈 세대들임이 분명합니다.

이 아이들이 살아갈 미래는 과연 어떤 모습일까요? 지구 온난화로 인한 기상이변, 각종 전염병의 공포, 세계 전쟁의 위험과 경제 침체 등 예측하기 어렵습니다. 어쩌면 불안한 미래를 살아갈지도 모르겠습니다. 잘파세대 아이들도 미래에 직업을 선택해야 할 것입니다. 또 생계를 꾸리며, 사회를 주도하는 어른으로 살아가야 할 것입니다. 예측 불허의 미래를 살아가기 위해 이 아이들에게 무엇보다 필요한 것은 무엇일까요? 사회변화에 유연하게 대처하며 지속해서 진로를 개척할 수 있는 능력, 바로 진로 탄력성이 아닐까, 합니다.

진로 교육의 핵심은 바로 각자의 강점과 특성을 살려 진로 선택을 잘할 수 있도록 돕는 것이라 할 수 있습니다. 그래서 자신의 강점을 찾고 그에 따른 자신만의 브랜딩 만들기 활동을 학급경영에 적용해 보기로 했습니다. '나 브랜딩'이란, 아무리 주변 환경이 변하더라도 흔들리지 않고 유연하게 대응하기 위해 자신의 정체성을 찾아가는 활동을 뜻합니다. 나에 대한 이해가 분명하다면 미래 사회의 변화에 맞게 나의 특성과 재능을 발휘하며 살아갈 수 있지 않을까? 하는 생각에 아이들과 이 활동을 해 보기로 했습니다.

이 프로젝트 수업을 시작하며 처음 마주한 난관은 '나 브랜딩'의 개념을 아이들에게 이해시키는 것이었습니다. 아이들은 브랜딩이란 용어를 자주 들어는 봤지만 "나를 브랜딩한다."라는 말은 낯설게 느끼는 것 같았습니다. 특히 자기 자신을 구체적으로 이해하지 못하는 상태에서 나를 브랜드로 만든다는 것에 막막함을 느끼는 듯했습니다.

"애플 하면 뭐가 떠오르나요?"

"스마트폰이요."

"'나이키' 하면?"

"운동화요."

"그럼, '윤재' 하면 뭐가 떠오르나요?"

"레고 블록이요."

"'주철이' 하면요?"

"축구요."

"네. 맞아요. 이렇게 여러분 친구들의 이름만 들어도 그 사람의 특징과 잘하는 것이 떠오르듯이 나의 이름만 들어도 나의 특징을 떠올릴 수 있는 것을 브랜드로 만드는 것이 바로 '나 브랜딩'입니다."

아이들은 구체적인 브랜드의 사례를 통해 나 브랜딩이 무엇인지 어렴풋이 이해하는 것 같았습니다. 자신만의 '나 브랜딩'을 무엇으로 할지 고민하는 눈치였습니다. 내 이름만 들어도 나를 알릴 수 있는 브랜드를 만들 것이라는 기대감에 설레는 얼굴이었습니다. 다음은 제가 학급에서 실천한 '나 브랜딩'을 위한 활동입니다.

① 나 브랜딩 만들기 (이름을 짓고 로고를 꾸며요.)

나 브랜딩 만들기 첫날, 아이들은 자신의 브랜드 이름을 짓고 로고를 디자인했습니다. 1학기 동안 배운 다양한 미덕, 가치들을 떠올리며 '끈기', '도전', '행복', '노력' 등 각자가 추구하는 가치를 담아 슬로건을 정하고, 브랜드의 이름과 로고를 만들었습니다.

② 나 브랜딩 발표하기

브랜딩 두 번째 활동은 자기 자신을 소개하는 활동을 했습니다. 자신의 브랜드가 무엇이고 왜 그렇게 지었으면 어떤 의미를 담고 있는지 발표했습니다. 그 과정 중에 자신이 잘하는 것, 자신의 강점과 특징 등 새롭게 나에 대해 인식하는 계기가 되었습니다. 아이들은 자신을 대견해하며 다른 친구들의 발표를 재미있게 들었습니다. 이후 학습지에도 자신의 이름 옆에 자기 브랜드를 적거나 로고를 그려 넣는 등 가지 브랜드에 대한 애정을 드러내었습니다.

③ 나 브랜딩 활동 지속하기

학생들은 점심시간을 활용해 매일 10분 자신을 위한 시간을 보내는 활동을 통해 자신의 관심 분야, 즉 내 브랜딩에 관한 연구 활동을 했습니다. 하루에 10분 투자하여 꾸준히 지속하면 한 가지 능력을 얻을 수 있다는 믿음으로 그림그리기, 일기 쓰기, 책 읽기, 종이접기, 부족한 과목 공부 등 자신에게 필요하거나 하고 싶은 활동을 자유롭게 선택하여 진행했습니다. 같은 활동을 하는 친구들끼리 동아리를 결성하여 서로의 활동 결과를 공유하고 격려하도록 했습니다. 학생들의 결과물이나 활동사진들을 학급 SNS에 게시하여 함께 공유하기도 했습니다.

④ 브랜딩 재능 기부 (꼬마 선생님과 함께해요.)

브랜딩 재능 기부는 학급 활동 안에서 자신의 재능을 봉사의 개념으로 기부하는 활동을 뜻합니다. 수학 시간에 어려움이 있는 친구에게 다가가 꼬마 선생님이 되어 모르는 문제를 함께 풀며 도움을 줍니다. 종이접기를 배우고 싶은 친구에게 내가 알고 있는 종이접기를 가르쳐 주기도 합니다. 이 활동을 통해 친구들은 서로 다른 재능을 가지고 있다는 것을 이해하고 나도 도움을 줄 수 있고 또 다른 사람의 도움을 받아야 할 필요성도 느낄 수 있게 되었습니다. 세상은 혼자 살아갈 수 없음을 깨닫게 되었습니다.

아이들은 나를 찾아가는 훈련, '나 브랜딩 프로젝트'를 통해 자신을 들여다볼 수 있었습니다. 또 미래, 진로에 관한 생각도 할 수 있었습니다. 무엇보다 미래 자신의 꿈, 직업에 대한 계획을 세우고 꾸준히 노력하는 태도의 중요성도 알게 되었습니다. 아이들의 진로 교육에 대해 막연한 어려움을 느꼈던 학부모도 자녀의 나 브랜딩 활동을 지켜보면서 함께 응원해 주었습니다. 자녀의 진로에 대해 같이 고민하고 아이들과 대화하는 기회가 늘었다고 감사하다는 말씀을 주시는 분도 있었습니다. 무엇보다 자녀의 진로에 관해 관심을 두는 계기가 되었다며 좋아했습니다.

아이들의 나를 브랜드로 만드는 '나 브랜딩 프로젝트'는 평생 계속될 것입니다. 아이들이 어른이 된 후에도 자신만의 브랜드를 지속해서 성장시켜 나갔으면 좋겠습니다. 미래를 이끌어 갈 잘파(Z+alpha) 세대 아이들 모두가 자신만의 소중한 가치를 담은 브랜드를 만들어 가며 멋진 삶을 살아갈 수 있기를 기대해 봅니다. '나 브랜딩' 활동을 통해 아이들이 자신의 미래를 진지하게 고민하고 찾아갈 수 있도록 돕는 것도 학급경영의 하나입니다. 우리 반만의 특색활동으로 나만의 학급경영 브랜딩이 될 수 있지 않을까 하는 생각을 해 봅니다. 교사인 저도 '나 브랜딩'을 멈추지 않으려 합니다. '나만의 학급경영 브랜딩'을 위해 끊임없이 배우고 노력하고 싶습니다.

선생님!
교사의 삶을 교실에 내어주세요.

1. 감사를 통한 삶의 품격, 삶의 품위를 학생들에게 가르쳐주세요.

2. 학생들이 더 넓은 세상을 만날 수 있도록 그들의 삶 속에 책 한 권이 녹아 스며들 수 있는 꾸준한 책 읽기를 아이들과 함께 실천해 주세요. 교사가 먼저 책 읽는 모습을 보여주세요.

3. 강점 교육을 통해 가능성에 더 초점을 맞춰주세요. 아이들이 잘하는 것을 찾아 칭찬하고 격려하는 것이 먼저입니다.

4. 읽는 것으로 끝나지 않고 스스로 글을 쓸 수 있도록 하루 한 문장 쓰기부터 시작해 보세요. 교사와 학생 모두가 함께하는 독서, 함께하는 글쓰기의 재미를 학급경영 속에 녹여내 보세요.

5. 교사, 학생 모두 '나 브랜딩'을 통해 끊임없이 배우고 성장하는 삶을 함께 만들어보세요.

✦✦✦✦

제 5 장

자기 경영으로
함께 성장하다

1.

출발점에 다시 서라

올해 2월, 학년 발표 날이었습니다. 동 학년 교사들이 모였습니다. 각자 어느 반을 맡을 것인지 제비를 뽑기로 했습니다. 모두가 긴장된 표정입니다. 올해 맡게 될 아이들은 전교에서 힘들기로 소문난 학년입니다. 거기에 전교에서 가장 다루기 어려운 아이도 있습니다. 모두가 그 사실을 알기에 '제발 그 아이가 우리 반이 아니기를….' 하는 얼굴이었습니다. 저도 그랬습니다. 제 순서가 되었습니다. 쪽지를 여는 순간 표정 관리가 되지 않았습니다. 옆에 있는 선생님이 힐끔거리더니 한마디합니다. "이제 걱정 안 하고 뽑아도 돼요." 그 소문난 왕별, 찬규를 제가 뽑은 것입니다.

가뜩이나 학교 업무도 많은 데 전교에서 가장 지도하기 힘들다는 아이가 저희 반 아이가 된 것입니다. 처음에는 눈앞이 캄캄했습니다. 만발의 준비가 필요했습니다. 지난 겨울방학 동안 심취해서 읽었던 토드 휘태커의 『훌륭한 교사는 무엇이 다른가』책을 다시 집어 들었습니다. 밑줄을 그으며 읽고 또 읽었습니다. 한참을 읽어가다 한 문장에 멈추었습니다. "학급의 변수는 교사이다." 토드 휘태커는 교실에서 가장 큰 영향력을 미치는 사람은 교사이고 그 학급을 좌지우지하는 사람도 학생이 아닌 교사라고 했습니다. '그래, 올해 한번 실험해보자. 정말 교사가 변수인지 한번 해보자.' 저도 모르게 주먹이 쥐어졌습니다.

그동안 한 해도 힘들지 않았던 때가 없었습니다. 같은 학년을 다시 지도해도 아이들은 매번 달랐기 때문입니다. 교사에게 한 해 한 해는 새로운 도전입니다. 24년 차 경력 교사이지만 해마다 맞이하는 신학년은 항상 처음입니다. 어쩌면 저는 해마다 신규교사로 다시 태어나는 부활 의식을 치르고 있는지도 모르겠습니다. 이 순간도 처음이고 새로운 아이들과의 학급경영도 처음이니까요.

3월 2일, 첫날입니다. 아이들이 한 명 한 명 교실로 들어옵니다. 드디어 그 아이, 찬규가 교실에 나타났습니다. 다른 아이들과 별반 다르지 않았습니다. 인사도 제법 잘했습니다. 담임교사 소개를 하고, 교실에서 지켜야 할 규칙 몇 가지에 대해 안내하였습니다. 그때였습니다. 한참 무게를 잡고 말하고 있었는데, 갑자기 그 아이가 벌떡 일어나더니 아무렇지도 않게 앞문을 열고 나가는 것입니다. "너 어디 가니?", "화장실요. 화장실 가고 싶어요." 그러더니 금세 눈앞에서 사라졌습니다. 아직 2학년 티가 채 가시지 않아서 그러려니 할 수도 있겠지만, 3월 첫날부터 제 멋대로인 아이를 보니 '만만치 않은 아이구나!' 싶었습니다. 첫날부터 혼내고 싶지는 않았습니다. 일단은 넘어가기로 했습니다. 좋은 관계를 맺는 것이 우선이니까요. 다른 아이들에게 피해를 주지 않거나 수업에 방해가 되는 행동이 아닌 경우에는 지적하거나 혼내지 않기로 했습니다. 단, 아이가 잘했거나 예전보다 나아졌다고 느껴지는 순간은 결코 그냥 넘기지 않았습니다. 살며시 다가가 등을 두드려 주거나 여러 아이 앞에서 잘하고 있는 것을 찾아내 칭찬해 주었습니다.

그럴수록 찬규는 보란 듯이 수업 시간에 지켜야 할 규칙을 어기기 일쑤였습니다. 가만히 아이를 지켜보니 잘못된 행동 패턴이 느껴졌습니다. 내가 이 교실에 있다는 존재감을 드러내고는 싶은데 좋은 행동은 하기 어렵고 그동안 해 왔던 부정적인 방법을 선택해 내가 여기 있음을 온몸으로 드러내는 것 같았습니다. 부정적인 행동이 드러나는 순간에는 일단 무시했습니다. 못 본 척 넘어갔습니다. 3월 내내, 마치 저를 시험하듯 불쑥불쑥 거침없는 행동이 계속되었습니다. 제 반응이 없고 아이들 반응이 없으니 그 행동은 점차 줄어들었습니다. 제 예상이 맞았습니다. 저의 지도 규칙은 변함이 없었습니다.

3월부터 아이들에게 '감사' 가치를 지도합니다. 감사 마인드맵, 감사 일기, 감사 샤워 등 계획했던 학급 활동을 합니다. 그날은 찬규가 감사 샤워를 받는 날이었습니다. 포스트잇에 학급 아이들이 찬규에게 감사하는 말을 적어 전달했습니다. 아이는 그 쪽지를 하나씩 하나씩 읽어보더니 얼굴에 웃음이 가득했습니다. 그러고는 알림장에 그 쪽지를 소중히 붙여 갔습니다. 아이의 표정이 밝아지니 제 마음도 밝아지는 것 같았습니다. 아이는 나아지는 듯하면서도 쉽사리 나아지지 않았습니다. 교사의 지시를 잘 따르지 않는 것은 물론이고 가끔 말대꾸도 했습니다. 처음의 제 마음과 달리 점점 지쳐갔습니다. 포기하고 싶은 마음이 불쑥불쑥 올라왔습니다. '그래도 100일은 노력해 봐야 하지 않을까!' 다시금 무너져 가는 제 마음을 붙잡았습니다. 공부가 필요했습니다. 그것이 이 아이를 위해 제가 할 수 있는 최선이었습니다. 교사 원격연수원 사이트에 들어가서 인성 지도 프로그램 몇 가지를 클릭했습니다. 그중 버츄 프로젝트가 눈에 들어왔습니다. '바로 이거다!' 싶었습니다.

버츄 프로젝트는 모든 아이는 이미 도덕적 가치를 내면에 가지고 있다는 전제하에 아이들의 숨은 미덕, 잠자는 미덕을 깨우는 프로그램입니다. "이미 아이들 속에 잠재되어 있다."라는 말이 무척이나 끌렸습니다. 그동안 아이들을 지도해 보니 나쁜 아이는 없었습니다. 단지 주변에 어려움이 있었거나 또 제대로 배우지 못했기 때문이었습니다. 찬규도 마찬가지였습니다. 보아하니 작년에도 또 재작년에도 문제라는 꼬리표를 달고 살았을 것입니다. 마음의 문이 닫힐 대로 닫혀 오로지 나, 자기 자신에게만 향해 있는 것 같았습니다. 아이의 닫힌 마음을 열어주고 싶었습니다. 연수에서 배운 내용을 바로바로 적용했습니다. 반 아이들에게도 미덕이 무엇인지 그리고 앞으로 어떤 활동을 할 것인지 안내하였습니다.

찬규가 학교에 올 때면, 인사와 함께 꼭 안아주었습니다. 아이도 저를 밀쳐내지 않고 꼭 안깁니다. 귓속말로 "찬규야, 너에게 예쁜 보석이 54가지나 있대. 찬규가 알지 못하는 많은 보석이 별이 마음속에 있대. 오늘 선생님이랑 잠자는 그 보석을 깨워보자." 아이는 알았다는 듯 고개를 끄덕이었습니다. 그동안 답답하기만 했던 제 마음도 조금은 환해집니다. 그 후로도 찬규의 부정적인 행동이 드러날 때면 "괜찮아. 네 잘못이 아니야. 찬규 마음속에 있는 미덕의 보석을 깨워보자."라고 말해주었습니다. 끝없는 인내의 과정이 필요했습니다.

매일 아이가 등교하면 꼭 안아주고 "잠자는 미덕을 깨워보자."라고 인사말을 건넵니다. 여전히 고군분투 중입니다. 아이가 달라지기는 바라는 조급한 마음은 버렸습니다. 매일 다시 출발선에 섭니다. 눈에 보이지는 않지만, 저와 아이의 거리가 조금씩 좁혀지고 아이의 마음이 열리고 있음에 감사할 뿐입니다. 아궁이에 궁 불을 지피듯 매일 제 마음의 온기를 전하려고 노력할 뿐입니다. 궁 불이 오래 가듯이 내년이나 내 후년쯤 효과를 발휘할지도 모르겠습니다.

미덕 통장

2.

나만의 사명과 비전을 찾아라

　교사로 걸어가야 할 길보다 교사로 걸어온 길이 더 많아졌습니다. 초임 교사 딱지를 떼고 학급경영이라는 것에 관심을 두기 시작했을 때, 학급경영은 아이들을 먼저 배려하고 아이들을 중심에 두는 것이라 여겼습니다. 물론 맞는 말입니다. 23년 동안 교사로 살아보니 학급경영 이전에 교사 나, 자기 경영이 우선임을 깨달았습니다. 교사 자신이 단단한 존재로 자기 주도적 삶을 사는 것, 그것이 더 중요했습니다. 학급경영은 그다음입니다.

　교사는 학급경영에 있어 학생을 통제하려고 하지만, 결국 좋은 수업, 훌륭한 학급경영의 열쇠는 교사 자신이 쥐고 있습니다. 훌륭한 교사는 단연코 문제의 원인을 주변에서 찾지 않습니다. 남 탓을 하지 않는다는 것이다. 교사는 알고 있습니다. '왜 수업을 망쳤는지? 왜 학급이 무너지고 있는지?' 곰곰이 생각해 보고 답을 찾다 보면 결국, 교사 자기 자신에게 초점을 맞추게 된다는 것을 알게 됩니다. 그래서 교실 내의 주요 변수는 학생이 아니라, 교사라는 것입니다.

훌륭한 교사는 자기 자신에서 답을 찾습니다. 훌륭한 교사는 자기 수업에서, 자기 반 학급경영에서, 자신이 하는 업무에서 책임을 지려고 하기 때문입니다. 자기 행동에 초점을 맞출 때 비로소 변화를 만들어 내는 힘을 느낍니다. 자신의 책임을 다하려고 노력합니다. 교실에서 문제 학생을, 문제 현상을 책임지려 하는 것이지요. 토드 휘태커는 『훌륭한 교사는 무엇이 다른가』에서 책임감을 느낀다는 것은 고용주나 교사나 교장이나 심지어 학부모들까지도 그들이 유능한가, 아닌가를 판단하는 중요한 요소라고 말합니다.

교사가 자기 자신에 초점을 맞추고, 자신을 기꺼이 표적의 위치에 놓을 때, 교실도 학교도 발전합니다. 바로 이것이 교사 자기 경영입니다. 어떤 직업이든 스스로 초점을 맞출 때 성공은 시작됩니다. 결국 가장 손쉽고 생산적으로 영향을 끼칠 수 있는 변수는 바로 '나', 자신이 아닐까요?

'철밥통'이란 말처럼 그 어렵다는 임용고사를 통과했습니다. 평범한 월급쟁이로 전락하여 만 62세의 정년까지 그저 그런 직장인으로 살아가려고 교사가 된 사람은 없을 것입니다. 나만의 교육 철학과 가치관을 실행하며 진정한 교육자의 길에 올라서고자 노력하는 교사들이 대부분입니다. 가끔 경력이 더 쌓이면 익숙한 과거에만 매달려 안정과 편의만을 추구하는 모습이 저의 모습이 될까 봐 두려울 때도 있습니다. 무색무취의 존재감 없는 인물로 살아갈까 봐 불안합니다.

교대를 졸업하고 운 좋게도 단번에 임용고사에 합격했습니다. 그렇게 20대 초반에, 교단에 섰습니다. 지금 돌이켜 보면 정말 세상 물정 모르는 철부지인 제가 아이들을 가르쳤습니다. 처음에는 선생님 소리를 듣는 게 그냥 좋았습니다. 선생님 소리에 취해 아이들 가르치는 것이 힘든 줄도 모르고 온종일 진을 빼고 퇴근했습니다. 한 해 한 해 아이들을 올려보내며 저도 성장했습니다. 결혼하고 내 아이를 키우며 아이들 한 명 한 명이 얼마나 소중하고 귀한 존재인지 깨닫게 되었습니다. 귀한 아이들을 내가 가르치고 있다는 생각에 큰 책임감이 저를 짓누를 때도 있었습니다. 살아 움직이는 아이들을 가르친다는 것, 미래를 만들어 간다는 것. 이것이 바로 교직이 소명 의식을 가지고 임해야 하는 가장 큰 이유가 아닐까, 합니다. 가르친다는 것은 어떤 의미일까요? 나는 왜 이 일을 하고 있나요? 교사 자신은 분명히 알고 있어야 합니다. 바로 그것이 나만의 사명과 비전일 것입니다.

권영애 선생님의 『버츄 프로젝트』를 읽었습니다. 선생님은 "고통의 강을 건너는 아이, 가장 마음이 아픈 아이를 외면하지 않겠다."라는 사명을 찾았습니다. 또 선생님은 20년간 100명의 아이를 살리는 사람이 되겠다는 구체적인 비전도 품게 되었다고 합니다. 『라틴어 수업』의 한동일 교수님은 자신의 꿈에 대해 이렇게 말합니다. "제 꿈은 우리나라에 마에스트로를 100명 정도 만드는 겁니다." 우리 주변에는 비단 이 두 사람뿐만이 아니 훌륭한 사명과 희망을 품은 사람들이 많습니다. 오로지 나, 자기 자신만을 위해 사는 것이 아니라, 내 삶 속에서 더 큰 가치를 추구하고 그것을 위해 헌신하는 것이지요. 교사로 살면서 어떤 교사가 되겠다는 구체적인 생각을 하지 못했습니다. 막연히 노력하는 교사, 연구하는 교사를 꿈꾸었습니다. '왜 노력하고 연구해야 하지?'에 대한 생각은 없었습니다. 그래서 힘들 때마다 저도 모르게 주저앉았는지도 모르겠습니다. 학교와 아이들이 지겨웠던 때도 있었습니다. '언제쯤 학교라는 울타리를 벗어날 수 있을까?' 하는 생각을 하기도 했습니다. 이제는 교직의 내리막길을 가고 있습니다. 남은 교직 생활하는 동안 '나는 어떻게 살아야 할까?' 고민이 많아졌습니다. '과연 나는 어떤 사명이 있을까?, 내 안에 있는 그 씨앗은 무엇일까?, 내가 무엇을 잘하고 좋아할까?'라는 질문을 던져 봅니다. 저는 삶에 대한 열정이 있습니다. 또 누군가를 돕고 싶습니다. 학생들에게는 희망을 전하는 교사가 되고 싶고, 동료 교사에게는 삶의 방향을 제시하는 본보기가 되고 싶습니다. 저의 사명을 다음과 같이 세워 보았습니다.

"나는 희망을 전하는 교사가 되어 마음이 아픈 아이들, 학교생활이 어려운 아이들을 돕고 삶의 방향을 잃은 교사를 돕는다." 구체적으로는 "남은 교직 생활 15년간 100명의 아이를 살리고 100명의 교사를 돕는 교사가 되겠다."라는 희망도 품게 되었습니다.

인생은 속도가 아니라 방향이라고 합니다. 속도를 내는 것도 중요하지만 내가 가고자 하는 방향을 잘 잡아가는 것이 중요하다는 뜻일 것입니다. 그 방향성을 가리키는 열쇠가 바로 나의 사명과 비전입니다. 교직에도 나침반이 필요합니다. 교사가 되고자 치열한 경쟁을 뚫고 교단에 서는 순간, 교사로서의 나만의 나침판을 만들어야 합니다. '나는 어떤 교사로 살아갈 것인가?'라는 질문과 그 질문에 대한 답을 찾아가는 과정이 필요합니다. 어쩌면 그 과정은 끝없는 인내의 시간이 될지도 모릅니다. 그러나 과정을 통과하면 나만의 사명과 비전으로 나다움을 찾아갈 수 있지 않을까요? 방향이 분명하다면 흔들리지 않을 것입니다. 나만의 길을 찾고 그 길을 묵묵히 걸어갈 때 교사 전문성도 함께 쌓여갈 것입니다.

"명확한 목적이 있는 사람은 가장 험난한 길에서조차도 앞으로 나아가고, 아무런 목적이 없는 사람은 가장 순탄한 길에서조차도 앞으로 나아가지 못한다."라고 토머스 칼라일은 말했습니다. 헤르만 헤세의 소설 『데미안』에서 피토리우스는 싱클레어에게 다음과 같이 말합니다. "대부분 사람이 가는 길은 쉬워. 우리들의 길은 어렵고. 우리 함께 가보세." 남들이 가지 않는 나만의 길, 나다움의 길을 갈 때 그 길이 힘들어도 기꺼이 그 길을 갈 수 있지 않을까요? 우리 함께 그 길을 가보지 않겠습니까?

3.

나 먼저 행복하라

"교사가 행복해야 학생들도 행복합니다."

초등학교 저학년부터 고학년에 이르기까지 아이들은 자신의 일상생활 중 절반 이상을 학교에서 보냅니다. 그만큼 학교생활은 매우 중요한 부분을 차지하고 있는 것이지요. 매일 만나는 친구와 담임교사는 또 어떠한가요? 가장 의미 있는 타인이 될 수 있습니다. 초등학교는 전 과목을 담임교사가 가르치는 구조이기 때문에 학교생활 중 담임교사의 비중은 절대적이라 말해도 과언이 아닙니다.

'학급경영을 어떻게 하면 잘할 수 있을까?' 교단에 선 첫날부터 24년 차 교사로 살아가는 지금까지도 제 머릿속에서 항상 떠나지 않는 화두입니다. 처음 교단에 섰을 때, 지각생, 수업 시간 떠드는 아이, 심한 장난을

치는 아이, 학급 규칙을 어기는 아이 등 이런 학생들을 마주할 때면 우선 야단부터 치거나 행동을 제재하려고만 했었습니다.

　3년 차 때의 일입니다. 처음으로 고학년인 5학년을 맡았습니다. 덩치도 제법 크고 다른 학생들에 비해 조숙한 남자아이가 있었습니다. 공부도 곧잘하는데 종종 공부 시간에 다른 책을 살짝 숨겨 보는 아이였습니다. 그날도 국어 시간인데 버젓이 다른 책을 교과서 밑에 두고 힐끔힐끔 보고 있었습니다. 그냥 넘어갈까, 하다가 예전에 한 번 경고했던 것도 있고 해서 그 아이 곁으로 바짝 다가갔습니다. 책을 낚아채듯 들어 올렸습니다. 녀석이 살짝 놀란 듯하더니만 얼른 자기 책을 잡아챕니다. 그리고는 뺏기지 않겠다는 듯 꼭 쥐고 물러서지 않습니다. 저는 점점 화가 났습니다. 한참을 실랑이하다 그만 책 한쪽이 찢어져 버리고 말았습니다. 아이는 저를 한 번 쏘아보더니 눈물을 글썽이며 말합니다. "선생님도 엄마랑 똑같아요." 그러고는 교실 문을 박차고 나가버렸습니다. 어이가 없었습니다. 다른 아이들도 놀란 표정이었습니다. 따라 나가 붙잡자니 교사로서 제 자존심이 허락하지 않았습니다. 괜찮은 척 아이들에게 말했습니다. "얘들아, 내버려 둬. 어디서 성질을 부리고 나가." 심장이 쿵쾅거렸습니다. 혹시라도 교문 밖으로 뛰쳐나갔다가 사고라도 나는 것은 아닌지 온갖 불길한 생각이 들었습니다. 그래도 무슨 배짱이었는지 수업을 이어 갔습니다. 한 10여 분이 지났을까요? 그 녀석이 다시금 교실로 저벅저벅

들어오는 것이 아닙니까! 순간 저도 모르게 아이를 꽉 안아주었습니다. 그리고 용서를 청했습니다. "정호야, 미안해. 선생님이 네 책 찢은 거." 아이는 말이 없습니다. 어떻게 그날 나머지 수업을 했는지 하나도 기억나질 않습니다. 아이들을 다 보내고 혼자 교실에 남았습니다. 많은 생각이 교차했습니다. 나는 정말 그 아이를 교육적으로 지도하고자 했는가? 꼭 그 방법밖에는 없었을까? 아니었습니다. 사람을 다루는 기술도 부족했거니와 감정 실린 제 행동도 옳지 않았음을 크게 깨달았습니다. 그 이후로 아이들을 지도할 때 결과만 보기보다는 왜 그 행동을 했는지, 무엇이 그런 결과를 가지고 온 것인지 살피고자 노력을 기울입니다.

학생들에게 학급 규칙을 알려주고 단호하게 처벌해야 한다는 생각으로 아이들 앞에 섰습니다. 그때 과연 저는 학생들 앞에 섰을 때 즐겁고 행복했을까요? 저는 교사로서 학생들이 긍정적으로 좋은 변화를 보일 것이라는 믿음을 가지고 지도했던 것일까요? 자신이 없습니다. 아직도 여전히 저는 아이들과 날마다 고군분투하는 일상을 살아가고 있습니다. 또 교사로서 부족한 자질과 넘치는 욕심에 힘들 때도 많습니다. 교사로서 학생들에게 가지는 기대, 학급경영에 잘 따라주기를 바라는 마음이 지나쳐 학생들을 감정적으로 대할 때도 있었습니다. 수업 시간에 쫓기며 시간이 부족하다는 핑계로 학생들의 마음을 들여다보지 못했던 날도 있었습니다. 매일 사고 치고 장난치는 아이들에게 집중하여 나머지 잘하는 학생들이 눈에 들어오지 않을 때도 있었습니다. 초임 교사 시절, 엄한 선배 교사를 따라 한답시고 무거운 분위기를 연출해 보아도 잠시일 뿐, 좋은 학급 분위기가 지속되지 않았던 때도 있었습니다. 학생들을 위해 노력했던 제 말과 행동이 의도치 않게 학생들에게 잘못 전달된 때도 있었습니다.

무엇을 놓쳤던 것일까요? 동료 교사들과 또 연세 지긋한 선배 교사에게 묻기도 하고 끝이 보이지 않는 토론을 벌이기도 했습니다. 또 학급경영과 관련된 책들을 읽기도 했습니다. 이후 제가 내린 결론은 담임교사가 먼저 변해야 학생도 변할 수 있다는 것입니다. 학생들에게 따뜻한 분위기로 다가가 관심을 주고, 긍정적인 시선으로 바라보는 것부터 시작입니다. "죄는 미워하되 사람은 미워하지 말라."는 명언을 가슴에 새겨봅니다. 학생들을 바라봅니다. 잘못에 대한 뉘우침을 강요하지 않더라도 스스로 알 때가 올 것이라 믿습니다. 교사를 모델링하여 따라 하는 학생들이 많기에 제 말과 행동도 항상 조심해야 함을 알고 있습니다.

학생들과의 관계 속에서 교사가 행복해야 합니다. 관계 속에서 행복을 얻으려면 신뢰를 바탕으로 믿음이 있어야겠지요? 그러기에 교사가 먼저 마음의 문을 열고 기다려야 합니다. 천천히 다가오는 학생들도 있기 마련입니다. 여유를 두고, 인내하며 기다립니다. 어렵고 힘든 상황일수록 학생들을 더 존중하려고 합니다. 긍정적인 변화 가능성이 있는 인격체로 대하고자 노력합니다. 이러한 상황을 유지하고 이끌어가기 위해서 교사는 자신을 행복하게 만들 수 있도록 마음의 여유를 두어야 합니다.

　학생들을 잘 이해하기 위해서는 학부모와의 소통 역시 중요합니다. 교단에 첫발을 디뎠을 때, 학부모가 어려워 학생의 잘못이나 단점을 알고서도 연락하지 못하고, 제힘으로 혼자서 고쳐보려고 노력하기도 했었던 적이 있었습니다. 우연한 기회에 만나게 된 부모님과의 대화를 통해 학생의 가정환경을 이해하게 되었습니다. 이후 저부터 마음을 열고 다가가니 학생 스스로 잘못에 대해 반성할 수 있게 가르칠 수 있었습니다. 학교에 많은 학생을 지도하다 보면 놓치거나 알지 못한 학생들의 특징을 부모님과의 상담을 통해 알게 됩니다. 이를 통해 학교에서 드러나지 않는 학생의 모습을 이해하고 이를 바탕으로 더욱 학생들과의 관계를 개선할 수 있었습니다. 한 학생의 인성 및 전반적인 학교생활에 대해 교사와 부모가 함께 협력한다면 더 나은 방향으로 지도할 수 있습니다. 23년 동안 아이들을 가르치며 때로는 더 잘 가르치고자 저도 모르게 감정이 들어가 아이를 혼낸 적도 있었습니다. 그때마다 꼭 그 아이를 별도로 불러 작은 간식 선물을 주거나 좋은 말로 다시 한번 타일러 보내곤 했습니다. 또 그 아이의 부모와 상담하거나 할 때면 그런 저의 마음을 전했습니다. 다행히도 운이 좋았던지 학부모가 그런 제 마음을 알아주었습니다.

　교사에게 칠판, 분필, 교과서가 전부일 수는 없습니다. 무엇보다 학생들의 관계가 우선이 되어야 합니다. 학생들의 관계 속에서 교사가 느끼는 행복이야말로 최고의 선물입니다. 교사가 행복해야 학생이 행복하고 학교가 행복합니다. 남은 교직 생활은 학생들의 한마디뿐만 아니라 마음 깊은 곳까지 읽고자 노력하는 교사가 되고 싶습니다. 지금, 학생들의 말에 귀 기울이고 있나요?

4.

교사성장학교 나우학교

아이 셋을 낳고 앞으로 어떻게 살아야 할지? 막막했던 때가 있었습니다. 스스로 답을 찾을 수 없었습니다. 누구라도 손가락 하나라도 내밀던 덥석 잡고 싶을 만큼 간절히 멘토를 찾았습니다. 쉽지 않았습니다. 어느 날, 그럼 내가 한 번 멘토가 되어볼까? 내가 먼저 도움이 절실한 누군가를 도우면 되지 않을까? 하는 생각을 했습니다. 그렇게 시작한 것이 급기야 나우학교, 교사 성장학교의 문을 열게 했습니다. 「나, 너 우리! 오늘 행복하자!」라는 슬로건을 내세우고 있습니다. 나 혼자가 아닌, "우리 함께하자."라는 의미가 들어 있습니다. 내일이 아닌 오늘, 이 순간의 행복이 중요함을 일깨우고 있습니다. 지난 23년 1월에 문을 열고 현재 13명의 선생님이 함께하고 있습니다. 새벽 기상과 감사 일기, 독서, 글쓰기를 하며 '교사로서의 나'를 찾는 공부를 하고 있습니다.

첫째, 새벽 기상을 실천합니다. 이 시간을 통해 '교사로서의 나'를 성찰합니다. 지금껏 걸어온 길을 돌아보고 남은 교직 생활을 어떻게 가치 있게 살아가야 할지 더 고민합니다. 『다산의 마지막 습관』에서 다산 정약용 선생님은 '평단 지기'라 하여 새벽녘 동이 트는 시간을 자신의 마음을 추스르는 시간으로 만들어 맑은 에너지를 통해 하루하루 자신을 돌아보며 상처 난 마음을 치유하라 하셨습니다. 어른이라면 매일 쌓이는 세월의 독으로부터 자신을 지켜주는 동굴이 필요하다는 말도 했습니다. 홀로 깨어나 하루의 시작을 맞이하고 끝을 준비하는 이 새벽은 자신만의 동굴이 될 수 있습니다.

새벽 기상을 시작하기 전, 게으름과 나태가 제 안의 독처럼 쌓여 있었습니다. '이대로 더는 안 되겠다.' 싶었습니다. 저를 바꿔야겠다고 다짐했습니다. 새벽 기상부터 시작했습니다. 처음에는 새벽 시간에 일어나는 것이 말처럼 쉽지 않았습니다. 몸이 천근만근이었습니다. 어떤 날은 억지로 일어나 아무리 눈을 부릅떠도 잠을 쫓을 수가 없어 다시 눕거나 책상에 엎드려 자기도 했습니다. 여러 번의 시행착오 끝에 저만의 새벽 기상법을 찾았습니다. 몇 가지 방법을 알려드립니다.

① 전날 일찍 자기

새벽 기상은 새벽 시간에 달린 것이 아닌 전날 저녁의 나를, 나의 시간을 다스릴 수 있어야 합니다. 대략 5~6시간의 수면 시간을 확보한다면 내가 일어날 시간과 함께 전날 저녁, 잠들어야 할 시간이 나옵니다. 전날의 계획된 취침 시간이 곧 새벽 기상을 잘하는 가장 첫 번째 방법입니다. 전날 저녁을 허투루 흘려보낼 수 없는 이유를 여기에서 찾을 수 있습니다. 퇴근 후, 저녁 시간의 밀도는 높이는 것이 새벽 기상 성공의 첫 번째 조건이라 말할 수 있습니다.

② 핸드폰을 멀리 두기

누구라도 하는 말입니다. 실천이 어렵지요. 반드시 핸드폰은 침대 머리맡이 아닌 내 방 책상 위 등 잠을 의도적으로 깨우기 위해 조금이라도 걸어서 손 닿는 곳에 두는 것이 좋습니다.

③ 일어나자마자 창문 열기

새벽 기상을 위한 작은 의식, 리츄얼(ritual)이 될 수 있습니다. 창밖을 열고 환기함으로써 새로운 마음가짐을 갖게 됩니다. 잠을 깨우는 좋은 방법의 하나입니다.

④ 커피나 차를 준비하기

새벽 시간 나를 위한 작은 선물을 주는 것입니다. 평소 내가 좋아하는 커피나 차를 나를 위해 정성껏 준비합니다. 작고 소소하지만, 충만한 행복감을 느낄 수 있습니다.

⑤ 세수와 양치를 하기

세수와 양치로 제법 잠을 떨쳐 보낼 수 있습니다. 단순한 행위이지만 막상 잠에서 깨어보면 세수하고 양치하는 일이 쉽지 않습니다만 실천을 추천합니다.

⑥ 시간을 나누어 쓰기

새벽 시간을 금방 흘러가 버립니다. 새벽에 일찍 일어난 만큼 시간의 밀도를 높이기 위해 30분 단위로 일을 끊어서 처리합니다. 중간에 잠깐의 휴식을 취할 수 있어서 몰입도를 높일 수 있습니다.

이것도 저것도 통하지 않을 때는 일어나자마자 바로 옷을 갈아입고 밖으로 나가 일단 뛰어나갔습니다. 동네 한 바퀴를 돌고 나면 몸도 마음도 잠에서 깨어납니다. 그 한순간이 문제입니다. 마음을 굳게 먹고 그 한순간을 참고 일어나면 일단 성공입니다. 새벽 기상을 3년째 이어가고 있습니다. 미라클 모닝을 몸소 체험했습니다. 이 좋은 것은 많은 사람에게 알리고 싶습니다.

둘째, 감사 일기입니다. 오프라 윈프리의 책을 읽었습니다. 그녀의 비참했던 삶을 일으켜 세운 것은 감사 일기였습니다. 책뿐만이 아닌 각종 인터뷰에서도 그녀는 항상 감사 일기에 관해 이야기합니다. 감사 일기가 자기 삶을 일으켰다고. 현재까지도 감사 일기를 쓰고 있다고 합니다. 따라 해보기로 했습니다. 감사 일기를 쓰는 하루하루가 쌓여갔습니다. 저도 모르게 마음 근육이 단단해짐을 느낍니다. 우리는 일상을 살아가면서 시시때때로 예기치 않은 감정에 사로잡힙니다. 나도 모르게 요동치는 마음을 어찌할 줄 몰라 당황합니다. 감사 일기는 그런 내 마음을 단단히 잡아주었습니다.

셋째, 독서입니다. 가르치는 사람은 학문을 하는 사람입니다. 끊임없이 배우고 익혀야 하는 공부하는 사람인 것이지요. 교사에게 독서는 삶의 지혜를 넘어 가르치는 사람으로서 평생 가지고 가야 할 습관입니다. 독서의 소중함을 모르고 살다 제 삶이 힘들어지고 나서야 깨달았습니다. "책 속에 길이 있다." 정말로 책 속에 길이 있었습니다. 훌륭한 스승, 멘토도 있었습니다. 시간을 내야 하는 것이 독서이기에 하루 10분부터 시작했습니다. 10분의 힘은 생각보다 놀라웠습니다. 오늘부터 10분 독서, 함께 시작해 볼까요?

넷째, 글쓰기입니다. 책을 읽다 보니 글을 쓰고 싶어졌습니다. 옛 기억을 더듬어 유년 시절의 내 경험을 써보기, 오늘의 일을 일기로 남기기, 나를 화나게 한 사람에게 하고 싶은 말 쓰기 등 일상의 다양한 것들에 대해 글쓰기를 시작했습니다. 재미있었습니다. 시원하고 통쾌하기도 했습니다. 글을 쓰면 쓸수록 생각이 정리되는 놀라움을 발견했습니다. 무언가 말로 표현하기 힘들었던 제 안의 고충들이 글로 해소되는 느낌이었습니다. 글쓰기에는 힘이 있었습니다. 또 교사로서의 일상 기록이 누군가에게 도움이 될 수도 있음을 알게 되었습니다. 매일의 기록, 그것 또한 교사 전문성을 입증하는 방법이 될 수도 있겠다 싶었습니다. 나의 시행착오가 다른 교사들에게 도움이 될 수 있음을 알기에 오늘도 글을 씁니다. 글쓰기의 선한 영향력을 믿습니다.

이렇게 나우학교는 새벽 기상을 통해, 교사로서 또 한 사회인으로서 내 삶을 뒤돌아보게 합니다. 또 함께라는 연대 의식을 통해 교사로서의 함께 성장을 꿈꿉니다. 자기 경영을 통해 단단한 학급경영을 만들어 가고 싶은 선생님들의 소망을 담아 오늘도 새벽부터 문을 활짝 열고 선생님들을 맞이합니다. 교사 성장학교에서 연대의 힘을 믿으며 매일 꾸준히 새벽 기상과 감사 일기, 독서, 글쓰기를 실천하고 있습니다.

5.

함께하는 힘을 믿어라

2015년 통과된 박사학위 논문의 주제가 교원학습공동체였습니다. 제가 운영하는 나우학교도 엄밀히 따지고 보면 전국구 교원학습공동체입니다. 저는 꽤 오래전부터 교원학습공동체에 관심이 많았습니다. 그 당시 제 논문은 예비 교사 전문성 신장을 위한 교원학습공동체의 효과성에 관한 연구였습니다. 연구에 참여한 S 교대 3~4학년 학생들이 초등 영어과 수업 시연을 하고 이후 구성원 모두가 함께 서로의 수업에 대해 피드백합니다. 이를 수정 보완하여 다시 수업 시연을 합니다. 이렇게 영어 수업 기술을 쌓아가는 과정에 교원학습공동체가 어떤 영향을 미치는지를 연구하였습니다. 그 연구에서 예비 교사들은 어떻게 자신의 수업을 인식하고 타인의 수업을 이해하며 자신의 수업 기술, 즉 전문성을 쌓아가는지 탐색할 수 있었습니다. 결론은 비록 예비 교사들의 학습공동체였지만 전문성 신장을 위해 충분히 의미 있는 매개체가 될 수 있음을 도출해 낼 수 있었습니다.

　최근 함께 공부하고 성장하는 교사들의 움직임이 활발합니다. 교육부나 시도 교육청에서도 교원학습공동체를 지원하며 집단 전문성을 발휘함으로써 학교 교육 역량 강화에 나서고 있습니다. 교원학습공동체는 크게 학교 안 학습공동체와 학교 밖 학습공동체로 구분됩니다. 학교 안 학습공동체는 단위 학교 안에서 이뤄지는 학년 중심 학습공동체, 교과 중심 학습공동체, 수업 연구회 등을 의미합니다. 학교 밖 학습공동체는 교과연구회가 대표적입니다. 학년 중심의 학습공동체는 대부분 초등학교에서 운영되는 방식입니다. 그동안 동 학년 중심의 학년협의회가 이뤄졌다면 최근에는 학교 밖을 넘어 다른 학교와의 공동체를 통해 더욱 체계적으로 활발하게 운영되고 있습니다.

　수업 시간에 몰입하며 열심히 배우는 아이들의 모습은 교사를 행복하게 만듭니다. 교원학습공동체는 교사에게 스스로 성장하는 성장할 수 있는 계기를 만들어 줍니다. 또 비슷한 생각과 경험을 공유한 동료들과 함께하기에 시너지 효과가 클 수밖에 없습니다. 누가 시켜서가 아닌 자발성에 초점을 두기 때문에 그 무엇보다 자기 주도적입니다.

　Hord(2004)는 '미국 남서부 교육 개발 연구소(SEDL: Southwest

Educational Development Laboratory)'에서 진행된 연구를 바탕으로 공유된 가치와 비전, 협력적 학습과 적용, 지원적 환경, 지원적 공유 리더십, 개인 실천의 공유를 교원학습공동체의 다섯 가지 속성으로 제시하고 있는데 이들을 구체적으로 살펴보면 다음과 같습니다.

첫째, '공유된 가치와 비전(Shared values and vision)'으로, 학생들의 학습력 제고를 목표로 전문가학습공동체의 구성원들이 함께 참여하여 목표 및 비전을 설정하고 함께 공유하는 것입니다.

둘째, '협력적 학습과 적용(Collective learning and application of learning)'으로, 교원학습공동체 구성원들이 협력하여 학습하고, 교육과정을 함께 설계하며 공동으로 문제를 해결하는 것입니다.

셋째, '지원적 환경(Supportive condition)'으로, 교원학습공동체 구성원들 간에 배움이 활발히 일어날 수 있도록 시간, 장소 등과 같은 물리적 환경과 배려, 존경과 같은 문화적 환경을 조성하는 것입니다.

넷째, '지원적 공유 리더십(Supportive and shared leadership)'으로, 교원학습 공동체 구성원들은 지원적이고 분산된 리더십 등을 통해 서로 권한을 공유한다는 것입니다.

다섯째, '개인 실천의 공유(Shared personal practice)'로 교원학습 공동체 구성원들은 상대방에 대한 존경과 신뢰를 바탕으로 교육 실천(practice)을 서로 공개, 관찰하고 함께 논의하는 과정을 통해 교육 실천(공개수업 등)을 개선해 나간다는 것입니다.

그 밖에 여러 학자의 개념 및 속성 등에 대한 논의를 종합해 보면, 교원학습공동체는 교육행정가 및 다양한 학교 구성원들이 자발성에 기초하여 자신들의 실천과 학생들의 학습 결과를 함께 검토, 반성하고 자신들의 교수 행위를 개선하고, 학생들의 학습력을 높이기 위해 함께 실천하는 것이라고 정의할 수 있습니다. 공유된 가치와 비전, 지원적 공유 리더십, 공동 탐구와 적용, 지원적 환경, 개인 실천의 공유, 교사와 학생의 학습 중시, 학습을 위한 협력, 지속적 개선 등을 속성으로 한다고 볼 수 있는 셈이지요.

해마다 동 학년 단위 교원학습공동체를 결정하고 동료 선생님들과 함께하고 있습니다. 교육청 정책 사업 중 하나인 〈우리가 꿈꾸는 교실〉을 함께 운영하며 학년 교육과정을 집단지성의 힘으로 재구성합니다. 더 나아가 재구성한 학년 교육과정에 교사 각자의 색깔을 입힙니다. 교사 각개인의 교육철학에 근거한 특색 있는 학급 운영을 하는 것입니다. 동 학년 교사 집단 안에서도 각자의 연구 분야가 다릅니다. 국어, 미술, 체육, 영어 등 학기 초 집중 연구 과목을 나누고 평가 계획에서부터 단원별 학습지 등 학습 자료를 개발합니다. 이를 같이 공유합니다. 혼자라면 결코 하기 힘든 교육과정 재구성도, 프로젝트 수업도 함께 합니다. 저 경력 교사에게는 새로운 AI 기술이나 에듀테크 활용법에 대한 도움을 받기도 합니다. 또 선배 교사는 학부모 상담 시 유의 사항이나 다루기 힘든 아이들에게 다가가는 법 등 교육 경력에 따른 비법이라 할 수 있는 축적된 지식과 방법을 나눕니다.

학교 교육의 위기 양상은 매우 다양하게 나타나고 있습니다. 국내외 연구자들과 교육정책 당국자들에 의하면 이러한 원인 중 하나로 학교의 공동체성 상실을 꼽습니다. 이 위기의 극복은 공동체성의 회복을 통해서만 가능하다는 것입니다. 교사의 전문지식은 이론적 지식이 아닌 교육 현장에서 형성되는 실천적 지식으로 교사의 전문성은 현장을 중심으로, 수평적 협력을 통한, 교사 개인의 반성을 통해 함양될 수 있다는 것입니다.(Sergiovanni, 1994). 이러한 측면에서 학습공동체(Learning Community)는 교사의 전문성 개발과 학교 교육력 강화와 관련하여 학교 현장에서 매우 중요한 교육 이슈가 될 것입니다. 특히, 공동체 문화 활성화라는 기본과제 중 하나로 혁신 교육 철학과 학교 교육 비전 공유, 공동 설계에 기반한 교육과정 수립과 평가, 상호 성장을 위한 일상적인 수업 나눔 및 수업 연구회 활성화를 위한 교원학습공동체 구축이 강조되고 있습니다.

일본 작가 사토로 류 노스케는 "혼자서는 작은 한 방울이지만 함께 모이면 바다를 이룬다."라고 했습니다. 교사 한 사람의 힘은 작을 수 있지만, 집단지성으로 함께하고 연대하면 생각지도 못한 놀라운 힘을 발휘할 수 있습니다. 혼자 가는 길은 척박하고 힘듭니다. 여럿이 함께한다면 같은 길도 더 신나고 기쁘고 즐겁게 나아갈 수 있습니다. 변화하는 교육 현장에 맞춰, 교사들은 교과연구회나 직무연수 같은 교육에 참여할 뿐만 아니라 자율적으로 결성된 학습공동체에서 자신의 역량을 키워나가고 있습니다. 학습공동체에서 배운 것을 교육공동체와 나누고, 또 사회와 나누는 선생님들의 따뜻하고 열정적인 모습에 저도 함께 힘을 내어 봅니다.

6.

친절하지만 단호하라

그해 학교에서 가장 힘들다는 아이를 맡았습니다. 저는 나름의 교육 경력도 있고 보직교사도 맡아 학교의 중추적 역할을 하고 있었습니다. 학교 일만으로도 벅차고 힘든데, 특별한 아이가 우리 반이라니. 눈앞이 캄캄했습니다. 다시금 신규교사가 된 듯했습니다. 인성 지도에 대한 연수도 듣고 관련 책도 찾아 읽으며 만발의 준비를 했습니다. 그러던 중 접하게 된 교육이론이 바로 학급긍정훈육법(Positive Displine in the Classroom)입니다.

3월. 그 아이가 교실에 들어왔습니다. 첫 모습은 여느 아이와 별반 다르지 않았습니다. 그러나 그것도 잠시, 첫날부터 불쑥불쑥 튀어나오는 아이의 문제 행동에 맞닥뜨리게 되었습니다. 처음에는 모른 척 넘어갔습니다. 내 주의를 끌기 위해 더 큰 소리로 더 과하게 행동하고 있다는 것이 눈에 보였기 때문입니다. 제법 공부도 잘하는 아이여서 매사 자신의 똑똑함을 드러내고 싶어 하는 것도 있었습니다. 툭하면 잘난 척하는 말투와 과장된 몸짓으로 주의를 끌었습니다. 생각 없이 툭툭 내뱉는 말로 다른 친구와의 마찰도 빈번하였습니다. 학급 활동으로 하루에 한 명씩 학생 상담하였는데 그 녀석 차례가 되었습니다. 이런저런 이야기를 나누었습니다. 그런데 중 전혀 예상하지 못했던 아이의 대답에 깜짝 놀랐습니다.

"상민이 요즘 학교생활은 어떠니?"

"그냥 그래요."

"그래?"

"점수를 주면 몇 점 정도 될 것 같아?"

"한 10점 정도요."

퍽 하면 잘난 척하는 아이 입에서 10점 정도밖에 되지 않는다는 말이 충격에 가까웠습니다. 아이는 보이는 것과 달리 자기 자신에 대해 과히 긍정적이지 않다는 것을 알았습니다.

학급긍정훈육법에서 제시하고 있는 학생들이 배울 다양한 사회 정서적 기술 가운데 중요한 7가지 신념이 떠올랐습니다.

1. 나는 능력이 있다.

2. 나는 의미 있는 도움을 주며 꼭 필요한 사람이다.

3. 나의 결정은 나와 학급에 일어나는 문제에 긍정적인 영향을 미친다.

4. 나는 원칙이 있고 자기 조절력이 있다.

5. 나는 다른 사람을 존중하며 행동한다.

6. 나는 내 행동이 다른 사람에게 영향을 미친다는 것을 안다.

7. 나는 꾸준한 연습을 통해 지혜와 판단력을 발달시킨다.

어쩌면 툭툭 튀어나왔던 아이의 과장된 행동은 그러한 자신의 마음을 감추고자 했던 행동이었을지도 모르겠습니다. 아이 스스로 자기 안의 능력이 있음을 깨닫고 자신의 장점을 찾아갈 수 있도록 도와야겠다는 생각이 들었습니다. 상민이는 특히 수학을 잘했습니다. 상민이에게 특별한 임무를 주었습니다. 본인 수학 학습지를 다 풀고 난 후 학급에서 수학을 힘들어하는 친구들, 민수랑 지원이를 돕는 꼬마 선생을 하는 것이었습니다. 생각과 달리 친구들에게 부드럽게 자신이 아는 것을 잘 설명해 주고 쉬는 시간마다 그 아이들을 살피는 모습이 보였습니다. 아이의 본마음은 친구들 속으로 들어가고 싶었던 것입니다. 그동안 쌓아온 부정적 이미지로 친구가 없던 상민이는 무척이나 외로웠던 것 같습니다. 상민이의 도움을 받은 친구들도 좋아했습니다. 아이는 점점 변화하기 시작했습니다.

최근 학교 현장에서는 '학급긍정훈육법(Positive Discipline in the

Classroom)'을 실천하는 교사가 많아지고 있습니다. 학급긍정훈육법은 심리학자인 아들러(Adler)와 드라이커스(Dreikurs)의 이론을 교실에 적용한 훈육 방법으로 앞 글자만 따서 PDC라고도 부릅니다. 학급긍정훈육법에서는 문제 행동이라 표현하지 않고 어긋난 행동이라 표현합니다. 이 어긋난 행동을 바로잡아 줄 수 있는 것은 학급의 소속감을 높여주는 것과 자존감을 느끼게 하는 것입니다.

학생들은 소속감과 자존감을 느낄 때 자신이 안전하다고 느낍니다. 이때 비로소 교사가 가르치고자 하는 사회적 성품과 사회적 기술을 배우며 성장하게 됩니다. 그동안 상민이는 소속감과 정체성을 원했지만, 이를 잘못된 방식으로 얻으려 했기 때문에 원하는 것과 점점 멀어지는 어긋나 버린 행동을 한 것입니다.

긍정학급훈육법은 학생의 변화에 앞서 교사 자신도 변해야 함을 강조한다. 다음은 PDC 여행을 위한 11가지 교사를 위한 팁입니다.

1. 내가 사용하는 방법이 통하지 않는다면 방법을 바꾸자.
2. 친절하며 단호한 교사가 된다.
3. 내가 가치 있다고 믿는 것을 학생들도 믿을 것이라 착각하지 마라.
4. 교사가 먼저 PDC 활동에 익숙해져라.
5. PDC 목적을 선명히 한다.

6. 비교하지 마라.

7. 절차를 신뢰하라.

8. '좋은 교사' 콤플렉스에서 벗어나라.

9. 방법보다는 철학이 먼저다.

10. PDC를 가장 먼저 적용해야 하는 대상은 바로 나 자신이다.

11. 운디드 힐러(Wounded Healer):상처 입은 치유자이다.

긍정학급훈육법은 학생의 변화에 앞서 교사 자신도 변해야 함을 강조합니다. 학생들에게 변화하라고 말하기 전에 교사가 먼저 교사 자신을 PDC 신념에 맞게 바꾸는 것이 우선이라는 것이지요. 특히 '좋은 교사' 콤플렉스에서 벗어나야 함을 강조합니다. 맹목적으로 친절한 교사가 아닌, 친절하면서도 단호한 교사가 되는 것이 관건입니다. 교사의 난제, 바로 '친절해야 할까? 단호해야 할까?'라는 고민이 듭니다. 그저 친절하기만 하면 교사의 권위를 잃기 쉽습니다. 반면 줄곧 무섭기만 하다면 어떠할까요?

3월 초, 절대 아이들 앞에서 웃음을 보여서는 안 된다며 이를 악물었던 경험이 있습니다. 문제 상황을 미리 방지하겠다며 절대 웃지 않습니다. 교실은 질서정연한 듯 보이지만, 교사는 점점 아이들에게서 멀어져갑니다. 교사와 아이들 사이에는 보이지 않는 벽이 점점 두꺼워집니다. 학생들에게 철저히 거리를 두고 수업에만 최선을 다합니다. 어느 날 생각지도 못했던 학교폭력 사건이 터졌습니다. 아이들 역시 교사에게 철저히 벽을 쌓고 있었던 것입니다. 교사라면 누구만 겪었을 법한 일입니다. 한편으로 이런 일들은 비일비재합니다. 또 교사라면 누구나 공감할 수 있는 이야기입니다. 많은 교사가 친절과 단호 사이에서 어떤 선택을 할지 고민해 왔고 또 지금도 고민 중입니다. 어쩜 앞으로도 계속 고민할 것입니다.

학급공정훈육법에서는 친절하면서도 단호한 교사가 되어야 함을 강조합니다. 의문이 생깁니다. 친절함과 단호함은 함께 할 수 있는 개념인가 하는 궁금증 말입니다. 만일 교실에서 놀림받은 아이가 화가 나서 놀린 아이를 주먹으로 쳤다고 생각해 봅시다. 이때 어떻게 하면 친절하면서도 단호한 교사의 모습을 보여줄 수 있을까요?

'All feelings are ok, but behaviors are not ok.'

화났을 아이의 감정에는 친절하게 공감해 줍니다. 즐거운 감정이든 부정적인 감정이든 감정을 느끼는 것은 잘못된 것이 아니기 때문입니다. 단, 그것을 바르지 못한 방식으로 표현한다면 단호해져야 합니다. 즉, 감정에는 친절하되 잘못된 행동은 단호해야 한다는 것입니다. 해결책은 지시와 통제가 아니었습니다. 그 방법은 동의와 협력에 있었습니다. 몇 가지 PDC 방법을 소개하면 다음과 같습니다.

① 우리 반 함께 만드는 규칙 만들기

학생들과 함께 결정해 만든 규칙은 책임감을 높이고 더 지키고 싶은 동기를 부여하게 합니다.

㉮ 우리가 원하는 반을 포스트잇에 한 가지씩 적기: 올해 우리 반은 어떤 반이 되었으면 좋겠나요?"라고 묻습니다. "협력을 잘하는 반"과 같은 예를 제시하고 해답을 칠판에 붙입니다.

㉯ 분류하고 제목을 정하기: 교사는 같은 것끼리 분류합니다. 분류하기가 모호하다면 학생에게 어떤 의미로 쓴 것인지 묻습니다.

㉰ 템플릿을 작성하기: 위와 같이 항목을 모둠별로 나누어 할 말과 행동을 논의하여 작성합니다.

㉱ 발표 및 동의하기

㉲ 동의의 사인하기: 동의의 절차가 끝났다면 잘 지키겠다고 서약합니다. 이때 간단한 서약서를 쓰는 서약 활동을 하는 것이 좋습니다.

㉳ 게시 및 돌아보기: 학생들이 잘 보이는 곳에 게시하고 매일 상기시키는 것이 좋습니다. 규칙 너무 많다면 꼭 지켜야 할 것을 추려서 한 장으로 만드는 것을 추천합니다.

② 우리 반의 생활 절차(학급 일과)를 만들기

우리 반의 생활 절차(학급 일과)와 같이 매일 반복되는 일상에서 그 시간에 해야 할 일을 함께 정하면 안정된 하루를 보내는 데 도움이 됩니다.

㉮ 브레인스토밍하기: 등교부터 하교까지 어떻게 시간을 보내는지, 또 그 시간에 해야 할 일을 작성합니다.

㉯ 일과를 정리하기: 교사는 학생들의 발표를 들으며 말한 내용을 바로 정리합니다.

㉰ 일과 순서 정하기: 먼저 해야 할 일부터 나중에 해야 할 일까지 다시 한번 정렬해 봅니다.

㉱ 역할극 하기: 역할극으로 그 일과를 차례로 연습해 봅니다. 실제 역할극을 해보면 순서를 바꿔야 할 것도 생기고 예상치 못한 것이 추가되기도 합니다. 만일 하루에 역할극을 다 해볼 수 없다면 여러 날로 나누어서 하는 것을 추천합니다.

㉲ 질문으로 돌아보기: 연습하게 되면 많은 일과가 안정되지만, 잘 실행되지 않았을 때 벌을 주거나 잔소리하지 않고 다음과 같이 질문합니다.

1. 약속 확인하기(Review): 식당에 갈 때 우리 반의 약속은 무엇이었나요?
2. 되돌아보기(Reflection): 우리는 어떻게 하고 있나요?
3. 책임지기(Responsibility): 어떻게 하면 우리가 더 잘할 수 있을까요?
4. 결과 확인하기(Results): 목표를 이루었다는 것을 어떻게 알 수 있나요? (구체적인 목표를 정하는 단계이다. 예를 들어 1분 안에 줄을 선다. 등)
5. 다시 해보기(Rehearse): 역할극으로 다시 연습해 볼까요? 어려운 점은 무엇인가요? 각자 연습해 볼까요?

③ 매주 다 같이 하는 학급 회의

학급 긍정 훈육법의 꽃이라고 불리는 것이 바로 학급 회의입니다. 교실의 문제를 해결하는 차원을 넘어 의사소통 능력, 존중의 기술, 서로 다름을 이해하는 것까지 정말 많은 것들을 배울 수 있는 시간입니다. PDC 학급 회의는 서로가 존중하는 방식으로 진행됩니다.

㉮ 자리 배치: 의자를 원이나 디귿 형태로 만들고 시작합니다.

㉯ 마음 나누기: 고마웠던 점, 미안했던 점, 격려할 점을 돌아가며 이야기하는 나눔 활동을 합니다. 이 단계가 PDC 학급 회의의 독특한 특징입니다. 이 활동을 통해 학급 회의를 따뜻하게 시작할 수 있습니다. 자기 행동이 다른 사람에게 어떤 영향을 미치는지도 경험할 수 있습니다. 매우 소중한 시간입니다.

㉰ 회의 목적 확인: 회의의 목적을 다 같이 읽고 시작하는 것이 좋습니다. 서로 비난하기 위해 회의를 하는 것이 아니라 어려움을 겪는 친구를 도와주기 위해서 이 회의를 함을 알립니다. 발언을 돌아가면서 한다는 것을 원칙으로 합니다. 추후 발언 기회에 대한 불만이 없도록 충분한 합의가 필요합니다.

㉱ 결정 사항 확인: 지난 회의에서 결정한 사항이 잘 지켜졌는지 이야기를 나눕니다. 만일 잘 지켜지지 않았다면 다시 학급 회의 안건으로 지난 해결책을 시도할 것인지, 다른 해결책을 찾아볼 것인지 선택할 수 있도록 합니다.

㉮ 회의 안건: 회의 안건은 학급 게시판을 활용하거나 안건 종이를 사용할 수 있다. 단, 회의에서 안건을 다룰 때는 상대의 이름을 직접 거론하는 것은 피합니다. 대신 "~한 사람이 있어요.", "~한 문제가 있어요."라고 표현합니다. 이름을 직접 거론하면 비난받는 느낌이 들기 때문입니다.

㉯ 역할극 (선택)

문제 상황에 대해 자세히 알기 어려운 경우 역할극을 할 수 있습니다. 역할극을 통해 감정을 가라앉힐 수도 있습니다.

㉰ 해결 방안 브레인스토밍: 해결 방법을 브레인스토밍합니다. 아이들이 말한 내용은 서로 마음에 들지 않더라도 비난하지 않고 그대로 적습니다.

㉱ 해결책 결정하기

해결책을 정할 때는 4가지 기준에 부합하는지 살핍니다. 합리적인가?, 존중하는 방식인가?, 관련성이 있는가?, 문제 해결에 도움이 되는가? 4가지 기준에 합당한 것 중 일주일간 해보고 싶은 것을 다수결로 정합니다. 같이 할 수 있는 것이라면 여러 가지를 정해도 좋습니다.

㉲ 감사 나누기: 마지막으로 문제를 해결한 소감을 나누고 마칩니다.

〈참고문헌〉

제인 넬슨, 김성환 외 역(2014), 학급긍정훈육법, 에듀니티.

테레사 라살라 외, 김성환 역(2015), 학급긍정훈육법 활동편, 에듀니티.

테레사 라살라 외, 김성환 역(2015), 학급긍정훈육법 실천편, 에듀니티.

테레사 라살라 외, 김성환 역(2015), 학급긍정훈육법 문제해결편, 에듀니티.

학생과 교사 모두 서로 존중하고 존중받으며 협력적으로 학급을 운영할 수 있으면 얼마나 좋을까요? 쉽지 않은 일입니다. 마냥 어렵다고 포기할 수도 없습니다. 그러나 진심은 통합니다. 아이들의 성장을 바라는 교사의 마음은 고스란히 아이들 마음에 닿습니다. 아니 닿기를 바랍니다. 그러한 마음과 믿음으로 오늘도 묵묵하게 친절과 단호를 오갈 것입니다.

7.

사랑이 먼저다

교사 연수로 〈작가와의 만남〉 행사에 참여했습니다. 『감기 걸린 물고기』, 『검은 강아지』, 『짝꿍』 등을 쓴 박정섭 작가가 그날의 주인공이었습니다. 동화 작가여서 그런지 수줍게 엷은 미소가 그만의 특유한 분위기를 자아냈습니다. 그의 책에 관한 이야기와 선생님들의 질문이 계속되었습니다. 그중 한 가지 질문이 들어왔습니다. 동화를 쓰려면 어떤 것이 가장 우선되어야 하는지에 대한 것이었습니다. 작가의 대답은 이랬습니다. 우선 아이들을 잘 관찰해야 한다는 것이었습니다. 아이들이 노는 모습, 아이들의 웃는 모습 등 일상에서 접하는 아이들의 모습을 잘 관찰하다 보면 아이들을 마음을 읽을 수 있다는 것입니다. 아이들의 마음을 읽게 되면 아이들이 얼마나 사랑스러운 존재인지 알 수 있다는 말도 덧붙였습니다.

학교에서 매일 아이들과 마주합니다.

'나는 아이들을 정말 사랑하고 있나?'

저 자신에게 물었습니다. 쉽게 답하기 어려웠습니다.

'사랑하는 것과 가르치는 것은 별개가 아닐까?' 하는 생각도 해 봅니다. 그러나 가르치는 행위 속에는 이미 일말의 사랑이 깃들어 있다고 생각합니다. 아이들이 가르쳐서 지금보다 성장할 수 있도록 돕는 것 그 자체가 사랑이기 때문입니다. 누군가의 꿈을 응원하고 꿈꿀 수 있도록 희망을 불어넣은 것은 결코 사랑이 없이는 하기 힘듭니다.

초임 교사 시절, 온전히 아이들을 이해하기 힘들었습니다. 또 아이들의 마음을 미루어 짐작하기도 어려웠습니다. 어렴풋이 저의 어린 시절, 초등학교 다니던 시절을 떠올리며 그때의 제 마음과 비교해 볼 뿐이었습니다. 아이가 셋이나 되고 또 교직 경력이 쌓여가면서 아이들을 보는 눈과 마음이 조금은 달라졌습니다. 소중하지 않은 아이들은 단 한 명도 없습니다. 가방 메고 학교에 와서 공부하겠다고 오는 아이들이 예쁘다 못해 가끔은 안쓰럽게 느껴지기도 합니다. 옛날과 달리 공부해야 할 것도 많아 삶의 무게도 다소 버거워 보입니다. 너무 일찍 세상을 알아버리는 것만 같아 아이들의 모습을 보고 있노라면 안타까운 마음이 들기도 합니다.

저희 반에 영수는 머리도 좋고 거짓 없이 솔직한 아이입니다. 공부도 제법 할 만한데 수업 시간에 딴짓을 많이 합니다. 왜 그런가 하고 살펴봤더니 학습 준비가 잘되어 있지 않습니다. 필통이 없는 날이 허다했습니다. 또 연필도 다 부러져 있거나 깎여 있지 않았습니다. 하루는 아이를 불러 이야기했습니다. 연필이랑 공책 준비를 스스로 잘하고 특히 연필은 꼭 전날 저녁에 미리 깎아오도록 당부했습니다. 그러자 아이가 자기가 매일 학원에서 늦게 끝나 집에 오면 그냥 잠을 자게 된다는 것이었습니다. 처음에는 핑계려니 하고 생각했었는데 아이랑 더 대화를 나눠보니 제법 많은 학원에 다니고 있었습니다. 10시를 넘겨 자는 때가 많다 보니 학교에 오면 졸음이 온다는 말도 했습니다. 공부 시간에도 잘 집중하지 못하던 아이의 모습이 떠올랐습니다. 또 어떤 날은 아침부터 엎드려 있거나 몹시 피곤해 보였던 아이의 얼굴도 기억이 났습니다. 상담을 마칠 무렵 아이가 한 마디를 툭 던집니다.

"우리 엄마는 저한테 관심이 없어요."

상담 이후 안 되겠다 싶어 영수 어머님께 전화를 드렸습니다. 학교에서 있었던 일에 관해 이야기했습니다. 어머님 역시 아침마다 깨우기가 너무 힘들었다며 아이가 그렇게 학교에서 힘들어하는지 몰랐다고 말했습니다. 조금 더 아이의 마음을 헤아리지 못했던 것 같다며 알려주어 감사하다는 인사를 거듭했습니다. 한동안 저도 이 일을 잊고 지냈습니다. 영수도 크게 학교에서 문제를 일으키지 않았습니다. 어느 날 영수가 저에게 오더니

"선생님, 저 이제 밤늦게까지 학원 안 가도 돼요. 대신 엄마랑 저녁에 책 읽고 수학 문제집 풀어요."라며 예전보다 훨씬 밝은 목소리로 저에게 말을 걸어왔습니다. 제가 물어보지도 않았는데 자기 이야기를 해주는 것이 고맙기도 하고 또 지난번 일도 있어서 저는 더 밝은 목소리로 말했습니다.

"그래? 잘되었다. 그래서 요즘 영수 표정이 밝았구나."라는 그 말이 채 끝나기도 전에 아이가 한마디를 합니다. "선생님, 선생님이 우리 엄마한테 전화하셨죠?" 마치 다 안다는 듯 웃음 가득한 얼굴로 저를 바라봅니다. "좀 도움이 되었니?" 했더니 "네." 하고는 빙긋 웃어 보입니다.

영어 공부도 좋고, 수학 공부도 좋습니다. 그런데 그보다 더 아이들에게 필요한 것은 사랑입니다. 엄마와 함께하는 저녁 시간을 보내는 녀석의 표정이 밝은 것을 보니 안심이 됩니다. 이제 제 차례인 것 같습니다. 학교 엄마를 자청하고 있습니다. 아이들에게 공부를 잘 가르치는 것도 좋지만 따뜻한 마음으로 포근히 품어주는 것도 중요합니다. 집에서도 학교에서도 사랑이 먼저입니다. 이해인 수녀님의 「어느 교사의 기도」의 한 대목을 소리 내어 읽어봅니다.

"이름을 부르면 한 그루 나무로 걸어오고 사랑해 주면 한 송이 꽃으로 피어나는 나의 학생들이 있어 행복합니다."

공부하기 싫어하는 아이에게 공부시키기 이전에, 학교에 가기를 싫어하는 아이에게 학교에 가라고 하기 이전에, 진심으로 아이를 사랑하고 있다는 것을 먼저 알려주면 어떨까요? 모든 실천 이전에 사랑이 우선인 것 같습니다. 사랑하는 마음을 전하는 게 교육이라고 생각합니다. '무엇을 가르치느냐'보다 중요한 건 '얼마나 사랑하느냐.'인 것 아닐까요? 가끔 아이들을 하나의 인격체로 보지 않고, '반드시 제 말을 들어야 할 대상'으로만 보았던 때도 있었습니다. 당연히 사랑이 담길 수가 없었습니다. 아이들은 민감하고 감성적이기 때문에 교사의 애정을 누구보다도 잘 파악합니다. 교육은 소통이기 때문입니다. 교사가 성의 없이 나오면 아이들 역시 마찬가지로 반응할 확률이 높습니다.

사랑을 기본으로 한 교육을 통해 우리가 얻을 수 있는 것은 크게 두 가지가 있습니다. 첫째, 소통이 잘 이루어지므로 교사, 학생, 학부모가 서로 대화할 때 자신의 견해가 아닌 상대의 처지에서 이해할 수 있게 됩니다. 둘째, 학생이 자신과 관련된 모든 문제에 대해 스스로 생각하고 결정하게 됩니다. 자신이 생각하고 내린 결론이기 때문에 쉽게 결정을 바꾸거나 중도에 포기하지 않습니다. 따라서 처음에는 좀 느리지만 결국 짧은 시간에 큰 발전을 이루게 되는 것 같습니다.

"사랑으로 행해진 모든 일은 언제나 선악을 초월한다."라고 니체가 말했습니다. 결국 사랑을 주는 교사야말로 최고의 교사일 것입니다. 교육은 열정만으로는 곤란합니다. 모든 교육 실천 이전에 사랑이 우선일 것 같습니다. 예쁜 말을 담아, 걱정 어린 마음을 담아, 지도할 때 아이들도 그 마음을 알게 됩니다. 결국 사랑이 이깁니다.

8.

직(織)이 아닌
업(業)을 위해 나아가라

프랑스의 사상가인 파스칼은 "농부가 거두는 수확은 그의 권한 밖에 있는 강수량과 토지의 비옥한 정도에 따라 달라지겠지만, 이에 못지않게 그의 노동에 따라서도 결정된다."라고 말했습니다. 실제로 우리말에도 "농작물은 농부의 발소리를 듣고 자란다."라는 말이 있습니다. 농부의 부지런하고 성실한 노력의 대가를 지적하는 말입니다.

일은 자기 행복을 추구하기 위한 삶의 수단이기도 합니다. 요즘은 일과 삶의 분리를 통해 소소한 삶의 질을 높이고자 하는 워라밸(work-life balance)예찬론자들도 있습니다. 그렇게 해서 삶이 행복해질 수 있다면 누가 그들을 비난할 수 있을까요? 그러나 일과 삶을 철저히 분리해서 생활해야만 꼭 행복할까요? 궁금증이 발동합니다. 때로는 일과 삶을 철저히 구분할 수 없을 때도 있습니다. 일의 의미가 삶의 의미가 될 수도 있기 때문입니다.

직장인과 직업인은 무엇이 다를까요? 인터넷 검색을 해보니 직장인(職場人)은 '규칙적으로 직장을 다니면서 급료를 받아 생활하는 사람', 직업인(職業人)은 '어떠한 직업에 종사하고 있는 사람'이라고 정의하고 있습니다. 여기 똑같은 일을 하는 두 사람이 있습니다. 그러나 일을 생각하는 목적과 관점에 따라 이들은 서로 다를 수 있습니다. 좀 더 세부적으로 그 차이점을 찾자면, 직장인은 일하는 공간인 장(場)을 필요로 하는 사람이고 직업인은 업(業)을 추구하는 사람이라 해석됩니다. 그러면 모든 직장인은 직업인이 될 수 있을까요? 아닙니다. 주위를 둘러보면 직장에서 업에 대한 소명 의식은 천차만별입니다. 즉 자신이 하는 일의 의미를 깊이 이해하지 못한 채 직장이란 공간에서 그저 시간을 보내고 있는 직장인도 있습니다. 직업인은 소명 의식을 가지고 일하는 사람입니다. 이들은 일의 명분을 찾습니다. 단기적으로 보면 직업인은 치명적인 단점을 가지고 있는 듯합니다. 자신이 하고 일의 의미가 무엇인지, 왜 이 일을 해야 하는지 스스로 이해하지 못하면 좀처럼 제대로 움직이지 않기 때문입니다. 그러나 자기 일에 대한 의미와 가치를 깨닫게 된다면, 즉 업에 대한 소명 의식을 찾는다면 엄청난 힘을 발휘하게 됩니다.

일에는 분명한 목적이 있습니다. 일했다면 반드시 목적과 목표에 부합하는 성과를 내야 합니다. 목표에 부합하는 탁월한 성과를 내는 사람들의 비결은 몰입에 있습니다. 몰입하는 사람들은 스스로 목표를 세웁니다. 낮은 목표를 가지고는 몰입 자체가 불가능합니다. 최상의 성과와 결과를 목표로 하는 사람이, 이 일을 반드시 해내야만 하는 이유와 필요를 스스로 이해할 때 '몰입'이라는 특별한 업무처리 방식을 끌어냅니다. 바로 교직이 그렇습니다. 교직은 극도의 몰입을 추구해야 합니다. 교학상장(敎學相長)이라는 말이 있습니다. 가르치면서 배운다는 말입니다. 파커 J. 파머는 『가르칠 수 있는 용기』에서 "교사로서의 재능은 결국 학생들과 함께 춤출 수 있는 능력, 학생과 교사가 동시에 가르치고 배우는 상황을 공동 창조하는 능력"이라고 말합니다. 교사는 학생이 배울 준비가 되면 언제나 스승으로 다가가야 할 준비가 되어 있어야 합니다. 몰입을 통해 그 결정적 순간을 찾아내야 합니다. 많은 학생이 수많은 배움과 성장의 기회를 눈앞에 두고도 그 결정적 계기를 만들지 못하고 주저앉고 있습니다. 그래서 "교사는 있으나 진정한 스승은 없다."라는 말이 생겨난 것은 아닐까, 합니다.

진정한 교사는 교실에서, 수업 시간 속에서 학생들이 "유레카!"를 외칠 수 있게 해야 합니다. 배움에 대한 열정과 의지, 희망을 불러일으켜야 합니다. 이것은 열정과 책임이 있는 교사에 의해 이루어질 수 있습니다.

바로 이것이 교사에게 소명 의식이 존재해야 하는 이유 같습니다. 그리고 이것을 사도 정신(師道精神)이라 부릅니다. 교사가 스승이 되기 위해서는 지금 서 있는 바로 그 자리, 그 위치가 정확히 자신이 있기로 선택하고 결정한 그 장소라는 것을 의심하지 말아야 할 것입니다. 아무리 오늘날, 우리 교육이 답이 없고, 철학과 개념이 없어 보여도, 지금 이 자리에 서 있는 것을 결정한 사람은 바로 교사, 나 자신입니다. 역량 있는 교사가 교직을 벗어나는 요즘, '교육환경이 그들에게 더 많은 배움과 성장할 여건을 제공하지 못한 것은 아닐까?' 하는 생각을 해 봅니다. 교직에 대한 자신의 소명 의식을 잃고 더는 교직에서 희망을 찾지 못한 채 방황하는 것인지도 모르겠습니다. 성찰이 요구되는 시기입니다. 교사 개인의 성장은 중요합니다. 교사 개인이 성장하면 교육은 반드시 동반 성장하게 되어 있기 때문입니다.

코로나19 사태의 장기화로 블렌디드 러닝, 에듀테크 교육 등 새로운 교육의 흐름이 도래하였습니다. 초창기 시행착오와 어설픈 수업 방식을 반면교사로 삼아야 합니다. 이제는 교사의 연구와 수업에 대한 열정으로 미래 교육을 위해 한 단계 끌어올릴 때입니다. 자발적으로 교원학습공동체를 조직하여 더 나은 수업을 위해 연구하고 실천하는 교사들을 종종 볼 수 있습니다. 그들이 그렇게 행동하는 이유는 바로 직이 아닌 업으로서의 소명 의식 때문인 것은 아닐까요? 교사가 성장하지 못하면 학교라는 조직은 희망이 없습니다. 학교는 정체된 채 세상 속에 고립될 것이 분명합니다.

"천재는 노력하는 사람을 이길 수 없고 노력하는 사람은 즐기는 사람을 이길 수 없다."

공자 『논어』(論語)에는 이런 말이 실려 있습니다. 아무리 천재적인 재능이 있는 사람도 열심히 노력하는 사람을 이길 수 없고, 열심히 노력하는 사람이라도 그 일 자체를 즐기는 사람을 이길 수는 없다는 뜻입니다. 여기서 말하는 '즐기는 사람'은 재능과 노력을 겸비한 사람이라고 말할 수 있을 것입니다. 일을 가지고 놀 수 있다는 것은 결국 그 일을 능숙하게 다루며 거부감이 없을 뿐더러 열심히 노력까지 한다는 것입니다. 결국 직이 아닌 업으로의 삶은 철저히 자기가 일을 좋아하고 더 나아가 즐기는 사람이 될 때 가능한 일일 것입니다.

"교육의 질은 교사의 질을 능가할 수 없다."라는 만고불변의 진리를 다시금 떠올립니다. 교사로 살아가면서 도전과 고통, 실패와 성취 같은 경험담 없이 어제와 같은 오늘만 반복한다면 내일은 무슨 의미가 있을까요? 코로나19 사태 이후 학교와 교실은 빠르게 변하고 있습니다. 교사 이후의 삶, 남은 교직 생활을 어떻게 살아야 할지에 대한 성찰이 필요한 시점입니다. E. 슈프랑거는 "교사란 그의 등 뒤에, 눈에 보이지 않게 '나를 따르라.'란 구호를 써 붙이고 다니는 사람이다."라고 말했습니다. 제 뒷모습을 저는 볼 수 없기에 그저 오늘도 바른 정신과 몸가짐으로 나아가려 합니다. 교사로서의 소명 의식을 가지고 평생 가르침을 행하는 사람으로 학생과 학부모, 그리고 동료 교사에게 먼저 다가가는 교사가 되고 싶습니다. 먼저 행하는 사람으로 기억되고 싶습니다.

교실 혁명 노트

선생님!
학생들과 함께 매일 성장하는 삶을
꿈꿔보세요.

1. '한 명의 학생도 절대 포기하지 않겠다.'라는 마음으로 매일 출발선에 새롭게 서 보세요.

2. 남들이 가지 않는 나만의 길, 나다움의 길을 나만의 사명과 비전을 가지고 한발 한발 묵묵히 나아가보세요. 나만의 길을 찾고 그 길을 묵묵히 나아갈 때 교사 전문성도 쌓을 수 있습니다.

3. 학생들과의 관계 속에서 행복을 찾을 수 있는 교사가 되어야 합니다. 교사가 행복해야 학생도 행복합니다.

4. 교사 연대의 힘을 통해 자신의 역량을 키우고 동료 교사와 함께 성장하는 기쁨과 행복을 느껴보세요.

5. 교육은 열정만으로는 곤란합니다. 사랑을 주는 교사야말로 최고의 교사입니다. 모든 교육 실천 이전에 사랑이 우선입니다.

마치는 글

    저는 초등교사가 되는 것이 꿈이었고, 그 꿈을 이루었습니다. 교사가 된 후, 저만의 버킷리스트를 만들고 그 일들에 도전했습니다. 재외 교육 기관에서 근무하며 해외에 거주하는 우리 학생들을 가르쳤습니다. 부설 초에서 실습지도 교사로 예비 교사를 지도하였습니다. 공부에 대한 열망 으로 석사, 박사학위도 받았습니다. 그러던 어느 날 나이 40을 앞두고 늦 둥이를 낳았습니다. 세 아이의 엄마가 되었습니다. 제 한계를 넘지 못하 고 그만 제 자리에 주저앉았습니다. 아무런 목표도 꿈도 없이 그저 하루 하루를 살았습니다. 특별히 나쁜 일도 일어나지 않았지만 그렇다고 행복 하지도 않았습니다. 무엇이 사람을 행복하게 할까요? 제가 깨달은 행복 했던 순간은 내가 성장하고 있을 때였습니다. 어제보다 나은 나를 만들 기 위해 노력할 때 행복했습니다.

    우연히 책 한 권을 접하고 다시금 제 삶을 일으키려고 안간힘을 썼습니다. '굉장히 먼 길을 돌아왔구나.' 싶었던 어느 날 귀한 깨달음을 얻었습니다. '꾸준함이 성공이다.' 인생의 매 순간 우리는 모든 것을 다 잘해낼 수 없습니다. 때로는 내가 노력한 만큼 결과가 잘 나오지 않을 때도 있습니다. 결국 하루하루의 삶은 모두 100의 속도로 달릴 수 없습니다. 어떤 날은 70의 속도로 또 어떤 날은 50의 속도로 흘러갑니다. 심지어 제자리걸음을 하는 날도 있습니다. 또 오롯이 내가 하고 싶은 일만 할 수도 없습니다. 학급경영도 학생도 학부모도 동료 교사도 내 뜻과는 전혀 무관하게 흘러갈 때가 있습니다. 그렇다고 해서 포기해서는 안 됩니다. 제가 그랬습니다. 어차피 제대로 할 수 없을 바에 '그냥 하지 말자.' 모두 놓아버렸습니다. 그러다 다시 시작했을 때 몇 곱절의 노력이 필요했습니다. 아무리 힘들고 어려워도 여러분의 꿈을 놓지 않았으면 좋겠습니다. 조급해하지 마십시오. 그저 오늘의 꾸준함으로 내일의 발판을 만들어 가면 됩니다.

학급경영은 단 하루의 노력으로 완성되는 것이 아닙니다. 끊임없이 교사, 나 자신을 뒤돌아보고 매일 새로운 출발선에 서야 합니다. 그러기에 마음의 근육을 단단히 해야 합니다. 교사는 흔들리지 않는 표본이 되어야 합니다. 비바람이 몰아치는 상황에서 방향키를 돌려야 하는 사람은 바로 교사, 자신이기 때문입니다. 결국 학급경영의 시작은 교사 자기 경영에 있습니다. 교사가 삶으로 보여주었을 때, 학생들은 비로소 따라옵니다. 교사의 삶과 교실의 삶은 유리될 수 없습니다. 끊임없이 변화하는 세상 속에서 교사로서의 나 자신을 단단히 세우고 싶었습니다. 독서와 글쓰기는 큰 힘이 되었습니다. 학생들에게 독서의 중요성을 말하기에 앞서 교사가 먼저 매일 책을 읽고 책 속의 멘토를 만나야 합니다. 또 글쓰기를 통해 교사, 자기 삶을 복기하고 나 자신만의 교육철학을 적립해야 합니다. 학생을 변화시키고 싶고, 학급을 변화하고자 한다면, 교사가 먼저 변해야 합니다.

저는 늘 성장을 꿈꾸고 배움에 대한 열정이 가득했습니다. 무조건 열심히만 하면 될 줄 알았습니다. 그래서 좌충우돌 우당탕거리며 살았습니다. 남들이 하지 않는 도전을 하며 쓰디쓴 눈물도 많이 흘렸습니다. 그러나 후회하지 않습니다. 도전하지 못한 일들에 대한 마음속 미련이 없기 때문입니다. 실패는 실패가 아닙니다. 적어도 도전했다면 성공을 위해한 걸음 나아간 것입니다. 제가 겪었던 어려움과 고충을 알기에 저 같은 선생님들을 돕고 싶었습니다. 그래서 '나, 너, 우리! 오늘 행복하자.'라는 슬로건을 내세우며 교사 성장을 돕는 나우학교를 열게 되었습니다. 한 분의 선생님이라도 더 동참하였으면 좋겠습니다. 용기를 내어 그동안 웅크리고 있던 내면의 잠재력을 깨워 펼쳐내었으면 좋겠습니다. 교사가 된 이후의 삶도 끝없는 성장으로 나아갔으면 좋겠습니다. 이 책을 읽는 독자분들도 모든 일의 시작은 나 자신을 경영하는 것부터 비롯됨을 기억했으면 좋겠습니다.

교사로서 내 삶의 항해를 남들에 의해 관행대로 혹은 수동적으로 따라 가는 것이 아니라 내가 가고자 하는 곳을 정해 주도적으로 살아갈 때 학급경영도 성공적으로 이루어 낼 수 있습니다. 새벽 기상을 통해 감사 일기와 긍정 확언으로 하루를 열고, 시간을 내어 하루 10분이라도 독서를 실천해 보십시오. 하루 10분의 힘은 참으로 놀랍습니다. 어느새 책 한 권을 읽어내는 순간을 맞이할 것입니다. 그리고 독서로만 끝내지 말고 세상에 내가 하고 싶은 이야기는 무엇인지 생각해 보십시오. 세상에 던지고 싶은 그 한마디가 바로 글쓰기가 될 수 있습니다. 교사로서의 삶, 한 인간으로 사는 삶을 나의 목소리로 만들고 글쓰기를 통해 교사로서의 나의 삶을 더욱 단단하고 견고하게 만들어 갈 수 있습니다.

선생님, 당신도 할 수 있습니다. 해마다 반복되는 학교와 교실입니다. 그러나 어느 하루도 똑같은 날은 없습니다. 하루가 지루하고 권태롭기보다는 매일의 일상이 새롭고 즐겁고 행복했으면 좋겠습니다. 그렇게 살아가는 힘은 바로 교사, '나' 자신에게 있습니다. 행복한 교실을 만들기 위해서는 교사 자신이 먼저 행복해야 합니다. 교사가 행복하면 학생들도 행복해집니다. 학급경영의 시작은 바로 교사 자기 경영이 먼저입니다.

우리는 바쁘게만 달려가느라고, 가장 기본적인 질문도 던지지 못하고 살아갈 때가 많습니다. 우리는 이미 교사가 되었습니다. 교사 이후의 삶에 대한 고민이 필요합니다. 처음 교단에 섰던 그 풋풋했던 초임 시절을 뒤돌아보세요. 그리고 잊고 있던 교사로서의 나만의 꿈과 희망을 다시 찾아보세요. 학교의 일상은 바쁘고 숨차지만 내가 교사로서 만들고 싶고 다듬고 싶은 것들에 대해 고민하고 생각해야 합니다. '나는 어떤 교사로 살아갈 것인가?'라는 질문을 던져야 합니다. 교사로서의 구체적인 나의 사명과 그에 따른 비전을 세워보기를 바랍니다. 여기저기에서 미래 교육을 운운합니다. 당장 오늘이 아닌 내일을 위한 준비를 해야 한다고 부르짖습니다. 어쩌면 우리는 오지 않은 미래를 준비하느라 '오늘의 나', '어제의 나'를 잊고 살아갑니다. 물론 미래에 대한 준비가 필요합니다만 우리 교사들은 미래를 살기 이전에 오늘 현재를 살았으면 좋겠습니다. 오늘, 내가 행복한 교사로 아이들과 함께 행복했으면 좋겠습니다. 아니 더 나아가 한 인간으로서 행복했으면 좋겠습니다.

현재의 내 삶의 소중함을 알고 교사로서의 길을 더 감사하게, 더 가치 있게 만들어 갔으면 좋겠습니다. 그러기 위해서는 마음의 여유가 필요합니다. 멈춤의 시간이 필요합니다. 곰곰이 생각해 보면 교사로서 내 삶이 절대 작지 않음을 알게 될 것입니다. 나라는 존재를 깊이 사랑할 수 있습니다. 더불어 살아가는 학생들과 또 동료 교사들과 한발 한발 맞춰가며 천천히 나만의 길을 만들어 가보면 어떨까요? 교사로서의 삶은 때론 버겁지만, 또 교사이기에 맛볼 수 있는 많은 선물을 주기도 합니다. 교사로서 내가 가진 것, 교사로서 나의 존재를 새롭게 바라볼 수 있기를 기대해 봅니다. "교사의 꿈과 희망을 응원합니다."

교사 자기 경영이 학급경영의 시작입니다.

나, 너 오늘, 행복하자.

나우학교